Kohlhammer

Die Autor*innen

Prof. Dr. Julian Schmitz, Diplom-Psychologe und Kinder- und Jugendlichenpsychotherapeut. Er ist Leiter der Arbeitsgruppe Klinische Kinder- und Jugendpsychologie und der Psychotherapeutischen Hochschulambulanz für Kinder und Jugendliche an der Universität Leipzig.

Prof. Dr. Julia Asbrand, Diplom-Psychologin und Kinder- und Jugendlichenpsychotherapeutin. Sie ist Professorin für Klinische Kinder- und Jugendlichenpsychologie und -psychotherapie an der Humboldt-Universität zu Berlin.

Julian Schmitz
Julia Asbrand

Soziale Angststörung im Kindes- und Jugendalter

Verlag W. Kohlhammer

Dieses Werk einschließlich aller seiner Teile ist urheberrechtlich geschützt. Jede Verwendung außerhalb der engen Grenzen des Urheberrechts ist ohne Zustimmung des Verlags unzulässig und strafbar. Das gilt insbesondere für Vervielfältigungen, Übersetzungen, Mikroverfilmungen und für die Einspeicherung und Verarbeitung in elektronischen Systemen.

Pharmakologische Daten, d. h. u. a. Angaben von Medikamenten, ihren Dosierungen und Applikationen, verändern sich fortlaufend durch klinische Erfahrung, pharmakologische Forschung und Änderung von Produktionsverfahren. Verlag und Autoren haben große Sorgfalt darauf gelegt, dass alle in diesem Buch gemachten Angaben dem derzeitigen Wissensstand entsprechen. Da jedoch die Medizin als Wissenschaft ständig im Fluss ist, da menschliche Irrtümer und Druckfehler nie völlig auszuschließen sind, können Verlag und Autoren hierfür jedoch keine Gewähr und Haftung übernehmen. Jeder Benutzer ist daher dringend angehalten, die gemachten Angaben, insbesondere in Hinsicht auf Arzneimittelnamen, enthaltene Wirkstoffe, spezifische Anwendungsbereiche und Dosierungen anhand des Medikamentenbeipackzettels und der entsprechenden Fachinformationen zu überprüfen und in eigener Verantwortung im Bereich der Patientenversorgung zu handeln. Aufgrund der Auswahl häufig angewendeter Arzneimittel besteht kein Anspruch auf Vollständigkeit.

Die Wiedergabe von Warenbezeichnungen, Handelsnamen und sonstigen Kennzeichen in diesem Buch berechtigt nicht zu der Annahme, dass diese von jedermann frei benutzt werden dürfen. Vielmehr kann es sich auch dann um eingetragene Warenzeichen oder sonstige geschützte Kennzeichen handeln, wenn sie nicht eigens als solche gekennzeichnet sind.

Es konnten nicht alle Rechtsinhaber von Abbildungen ermittelt werden. Sollte dem Verlag gegenüber der Nachweis der Rechtsinhaberschaft geführt werden, wird das branchenübliche Honorar nachträglich gezahlt.

Dieses Werk enthält Hinweise/Links zu externen Websites Dritter, auf deren Inhalt der Verlag keinen Einfluss hat und der Haftung der jeweiligen Seitenanbieter oder -betreiber unterliegen. Zum Zeitpunkt der Verlinkung wurden die externen Websites auf mögliche Rechtsverstöße überprüft und dabei keine Rechtsverletzung festgestellt. Ohne konkrete Hinweise auf eine solche Rechtsverletzung ist eine permanente inhaltliche Kontrolle der verlinkten Seiten nicht zumutbar. Sollten jedoch Rechtsverletzungen bekannt werden, werden die betroffenen externen Links soweit möglich unverzüglich entfernt.

1. Auflage 2020

Alle Rechte vorbehalten
© W. Kohlhammer GmbH, Stuttgart
Gesamtherstellung: W. Kohlhammer GmbH, Heßbrühlstr. 69, 70565 Stuttgart
produktsicherheit@kohlhammer.de

Print:
ISBN 978-3-17-035130-1

E-Book-Formate:
pdf: ISBN 978-3-17-035131-8
epub: ISBN 978-3-17-035132-5
mobi: ISBN 978-3-17-035133-2

Geleitwort zur Reihe

Klinische Psychologie und Psychotherapie bei Kindern, Jugendlichen und jungen Erwachsenen: Verhaltenstherapeutische Interventionsansätze

Psychische Störungen im Kindes- und Jugendalter sind weit verbreitet und ein Schrittmacher für die Entwicklung weiterer psychischer Störungen im Erwachsenenalter. Für einige der für das Kindes- und Jugendalter typischen Störungsbereiche liegen empirisch gut abgesicherte Behandlungsmöglichkeiten vor. Eine Besonderheit in der Diagnostik und Therapie von Kindern mit psychischen Störungen stellt das Setting der Therapie dar. Dies bezieht sich sowohl auf den Einbezug der Eltern, als auch auf mögliche Kontaktaufnahmen mit dem Kindergarten, der Schule, der Jugendhilfe usw. Des Weiteren stellt die Entwicklungspsychopathologie für die jeweiligen Bände ein zentrales Kernthema dar.

Ziel dieser neuen Buchreihe ist es, Themen der Klinischen Kinder- und Jugendpsychologie und Psychotherapie in ihrer Gesamtheit darzustellen. Dies umfasst die Beschreibung von Erscheinungsbildern, epidemiologischen Ergebnissen, rechtliche Aspekte, ätiologischen Faktoren bzw. Störungsmodelle, sowie das konkrete Vorgehen in der Diagnostik unter Berücksichtigung verschiedener Informanten und das konkrete Vorgehen in der Psychotherapie unter Berücksichtigung des aktuellen Wissenstandes zur Wirksamkeit.

Die Buchreihe besteht aus Bänden zu spezifischen psychischen Störungsbildern und zu störungsübergreifenden Themen. Die einzelnen Bände verfolgen einen vergleichbaren Aufbau wobei praxisorientierte Themen wie bspw. Fallbeispiele, konkrete Gesprächsinhalte oder die Antragsstellung durchgehend aufgenommen werden.

Tina In-Albon (Landau)
Hanna Christiansen (Marburg)
Christina Schwenck (Gießen)

Die Herausgeberinnen der Reihe

Prof. Dr. Tina In-Albon, Professur für Klinische Psychologie und Psychotherapie des Kindes- und Jugendalters an der Universität Koblenz-Landau. Leitung der Landauer Psychotherapie-Ambulanz für Kinder und Jugendliche und des Studiengangs zur Ausbildung in Kinder- und Jugendlichenpsychotherapie der Universität Koblenz-Landau.

Prof. Dr. Hanna Christiansen, Professur für Klinische Psychologie des Kindes- und Jugendalters an der Philipps-Universität Marburg; Leiterin der Kinder- und Jugendlichen-Psychotherapie-Ambulanz Marburg (KJ-PAM) sowie des Kinder- und Jugendlichen-Instituts für Psychotherapie-Ausbildung Marburg (KJ-IPAM).

Prof. Dr. Christina Schwenck, Professur für Förderpädagogische und Klinische Kinder- und Jugendpsychologie, Justus-Liebig-Universität Gießen. Leiterin der postgradualen Ausbildung Kinder- und Jugendlichenpsychotherapie mit Schwerpunkt Verhaltenstherapie.

Inhalt

Geleitwort zur Reihe 5

1 Erscheinungsbild, Entwicklungspsychopathologie und Klassifikation 11
   1.1   Erscheinungsbild der Sozialen Angststörung 12
         1.1.1 Schüchternheit und soziale Ängste bei Kindern und Jugendlichen 12
         1.1.2 Frühe Kindheit und Vorschulalter 14
         1.1.3 Grundschulalter 15
         1.1.4 Jugendalter 16
   1.2   Diagnostische Kriterien (ICD-10 und DSM-5) 17
   1.3   Überprüfung der Lernziele 20

2 Epidemiologie, Verlauf und Folgen 21
   2.1   Epidemiologie 22
         2.1.1 Beginn der Sozialen Angststörung im Kindes- und Jugendalter 22
         2.1.2 Häufigkeit der Sozialen Angststörung im Kindes- und Jugendalter 22
   2.2   Verlauf der Sozialen Angststörung 23
   2.3   Folgen einer Sozialen Angststörung 23
   2.4   Veränderungen durch Psychotherapie und Behandlungserwartung 23
   2.5   Überprüfung der Lernziele 27

3 Komorbidität und Differenzialdiagnostik 28
   3.1   Komorbidität 28
         3.1.1 Andere Angststörungen 29
         3.1.2 Selektiver Mutismus 30
         3.1.3 Depressive Störungen 31
         3.1.4 Suchterkrankungen 33
   3.2   Differenzialdiagnostik 33
         3.2.1 Generalisierte Angststörung 34
         3.2.2 Tiefgreifende Entwicklungsstörungen: Autismus-Spektrum-Störung 35
         3.2.3 Schulabsentismus 36
         3.2.4 Organische Erkrankungen 37

		3.2.5	Soziale Umstände	37
	3.3		Überprüfung der Lernziele	38
4	**Diagnostik**			**39**
	4.1		Ziele und Struktur des diagnostischen Prozesses	40
	4.2		Erstgespräch und Anamnese	41
		4.2.1	Das Erstgespräch als angstbesetzte Situation	41
		4.2.2	Anamnese, Makroanalyse und wichtige Unterlagen im diagnostischen Prozess	43
		4.2.3	Mikro- und Situationsanalyse	45
	4.3		Diagnostikinstrumente	47
		4.3.1	Fragebogenverfahren	47
		4.3.2	Diagnostische Interviews	50
		4.3.3	Testverfahren	51
		4.3.4	Beobachtungsinstrumente	52
		4.3.5	Diagnosestellung und Integration von diagnostischen Informationen	52
	4.4		Rückmeldung der Diagnostikergebnisse	53
	4.5		Behandlungssettings und Indikation	54
	4.6		Überprüfung der Lernziele	56
5	**Störungstheorien und -modelle**			**57**
	5.1		Bedingende Faktoren für Entstehung und Aufrechterhaltung	57
	5.2		Biologische Faktoren	58
		5.2.1	Temperament	58
		5.2.2	Genetik	59
		5.2.3	Physiologie	60
	5.3		Kognitive Faktoren	61
		5.3.1	Das kognitive Modell von Clark und Wells (1995)	61
		5.3.2	Das Modell von Rapee und Heimberg (1997)	63
		5.3.3	Das kognitive Modell von Hofmann (2007)	64
		5.3.4	Zusammenführende Betrachtung kognitiver Faktoren	65
	5.4		Lernerfahrungen und interpersonelle Faktoren	66
		5.4.1	Eltern	66
		5.4.2	Gleichaltrige	67
	5.5		Soziale Kompetenzen	68
	5.6		Emotionsregulation	68
	5.7		Zusammenfassende Betrachtung	69
	5.8		Anwendung eines Störungsmodells auf das Fallbeispiel	71
		5.8.1	Psychoedukation mit Kind	71
		5.8.2	Psychoedukation mit Eltern	72
	5.9		Überprüfung der Lernziele	72
6	**Psychotherapie**			**73**
	6.1		Beispielantrag für ein Kind mit einer Sozialen Angststörung	75
	6.2		Therapieziele und Behandlungsplanung	80

	6.3	Therapiedurchführung	81
		6.3.1 Therapiebaustein: Behandlungsaufklärung, Psychoedukation und Störungsmodell	82
		6.3.2 Therapiebaustein: Kognitive Interventionen	84
		6.3.3 Therapiebaustein: Aufbau sozialer Fertigkeiten	87
		6.3.4 Therapiebaustein: Exposition und Sicherheitsverhaltensweisen	89
		6.3.5 Therapiebaustein: Elternzentrierte Interventionen	91
		6.3.6 Therapiebaustein: schulzentrierte Interventionen	92
		6.3.7 Therapiebaustein: Jugendhilfemaßnahmen und flankierende Interventionen	93
		6.3.8 Therapiebaustein: Psychopharmakotherapie	93
	6.4	Manuale zur Behandlung sozialer Ängste	94
	6.5	Schwierige Therapiesituationen	96
		6.5.1 Das Arbeiten an kognitiven Inhalten fällt dem Kind schwer, bzw. dysfunktionale Kognitionen werden als nicht übertrieben wahrgenommen	96
		6.5.2 Patient*innen weigern sich aufgrund starker Angst eine Konfrontation durchzuführen	96
		6.5.3 Patient*innen brechen eine Konfrontationsübung nach einem Misserfolg ab	97
		6.5.4 Das Kind oder der*die Jugendliche sagt die Therapie häufig ab, mutmaßlich aufgrund von starken sozialen Ängsten vor der Therapiesituation	97
		6.5.5 Trotz ambulanter Psychotherapie zeigt sich eine Verschlechterung der Symptomatik und es entwickelt sich zudem eine depressive Störung	97
	6.6	Überprüfung der Lernziele	98
7	**Psychotherapieforschung**		**99**
	7.1	Methoden der Psychotherapieforschung	99
	7.2	Gesetzlich anerkannte Verfahren	100
		7.2.1 Kognitive Verhaltenstherapie	101
		7.2.2 Psychodynamische Psychotherapien: Tiefenpsychologisch fundierte und analytische Psychotherapie	101
	7.3	Weitere Verfahren	102
		7.3.1 Systemische Therapie	102
		7.3.2 Andere Verfahren	102
	7.4	Wirksamkeit einzelner Elemente	103
		7.4.1 Exposition	103
		7.4.2 Psychoedukation	103
		7.4.3 Kognitive Interventionen	103
		7.4.4 Aufbau sozialer Fertigkeiten	104
		7.4.5 Einbezug der Eltern	105
		7.4.6 Psychopharmakotherapie	105

		7.4.7 Individuelle vs. Gruppentherapie	106
	7.5	Überprüfung der Lernziele	106

Literatur 107

Stichwortverzeichnis 119

1 Erscheinungsbild, Entwicklungspsychopathologie und Klassifikation

Fallbeispiel

Die 14;2-jährige Maria stellt sich in einer ambulanten Praxis wegen ausgeprägter Ängste im Kontakt mit Gleichaltrigen vor. Maria beschreibt, dass sie nur wenige Freundschaften habe, da sie der Überzeugung sei, andere Jugendliche würden sie nicht mögen. Aufgrund dieser Ängste falle es ihr schwer, andere Jugendliche anzusprechen oder sich zu verabreden. Trotz guter schriftlicher Leistungen beteilige sich Maria nicht am Unterricht. Vor Referaten in der Schule fühle sie sich morgens häufig krank, bleibe dann zu Hause oder könne Referate nur mit exzessivem Üben vor dem Spiegel in der Woche zuvor bewältigen. Ihre größte Sorge sei, dass sie jemand auslachen könne. Ihre Freizeit verbringe Maria oft allein in ihrem Zimmer und sie ziehe sich zunehmend zurück. Marias Mutter beschreibt, dass sich ihre Tochter bereits im Kindergartenalter sehr zurückhaltend in neuen Situationen verhalten habe und sich wenig von ihrer Mutter gelöst habe. In der Grundschulzeit habe Maria dann zudem Sorgen vor peinlichem Verhalten geäußert, welche sich bis heute sehr verstärkt hätten.

Lernziele

- Sie können die Begrifflichkeiten Soziale Angststörung, soziale Angst und Schüchternheit erklären und voneinander abgrenzen.
- Sie kennen das typische Erscheinungsbild sozialer Ängste von der frühen Kindheit bis zum Jugendalter bzw. jungen Erwachsenenalter.
- Sie können diagnostische Kriterien für die Soziale Angststörung nach der International Classification of Diseases (10. Edition, ICD-10; World Health Organization [WHO], 1994) und dem Diagnostic and Statistical Manual of Mental Disorders (5. Edition, DSM-5, American Psychiatric Organization [APA], 2013) benennen.

1.1 Erscheinungsbild der Sozialen Angststörung

1.1.1 Schüchternheit und soziale Ängste bei Kindern und Jugendlichen

Schüchternheit und die Angst vor negativer Bewertung bzw. Ablehnung durch andere Personen sind einem großen Anteil von Kindern, Jugendlichen und Erwachsenen der Allgemeinbevölkerung vertraut. So berichteten in einer Studie von Seim und Spates (2010) 31 % aller befragten Studierenden davon, in ihrem Alltag regelmäßig moderate bis starke soziale Ängste zu erleben. In einer älteren Studie von Lazarus (1982) beschrieben sich 38 % der befragten Grundschulkinder als schüchtern. Auch während sozialer Leistungssituationen zeigen Kinder ohne klinisch bedeutsame Ängste eine moderate Angst und physiologische Stressreaktionen (Krämer et al., 2012). Der Begriff soziale Ängste kann dabei als Überkategorie für viele verschiedene Ausprägungen von Aspekten sozialer Ängste verstanden werden. Soziale Angst beschreibt eine Angst in sozialen Situationen – also Situationen mit anderen Personen –, die von sehr gering bis sehr stark ausgeprägt sein kann. Das Kontinuum sozialer Ängste erstreckt sich von nicht beeinträchtigenden sozialen Ängsten auf der einen Seite bis hin zu starken und meist chronifizierten sozialen Ängsten auf der anderen Seite. Im Zusammenhang mit sozialen Ängsten wird der Begriff der Schüchternheit häufig verwendet. Schüchternheit bezeichnet in der Regel ein gehemmtes Verhalten im Rahmen von sozialen Ängsten und wird häufig im Kontext frühkindlicher sozialer Ängste und sozialer Ängste im Grundschulalter gebraucht. Eine weitere Begrifflichkeit, die auch im Kindes- und Jugendalter im Zusammenhang mit sozialen Ängsten häufig gebraucht wird, ist die der Testängstlichkeit oder Prüfungsangst (Steinmayr, Crede, McElvany & Wirthwein, 2016). Damit werden häufig Kinder und Jugendliche beschrieben, die vornehmlich Angst vor Testsituationen in der Schule haben. Prüfungsangst ist jedoch keine eigene Diagnose in der ICD-10[1] oder im DSM-5. Da sich diese Ängste jedoch in sozialen Leistungssituationen manifestieren, können sie als umgrenzte Soziale Angststörung verstanden werden. Wichtig ist dabei, dass Kinder und Jugendliche negative Testergebnisse aufgrund einer möglichen negativen Bewertung durch andere Kinder, Jugendliche oder Erwachsene fürchten. Für rein prüfungsbezogene Ängste ist eine differenzialdiagnostische Abklärung zur Spezifischen Phobie zu prüfen. Des Weiteren muss ebenfalls eine differenzialdiagnostische Abgrenzung zur Generalisierten Angststörung des Kindesalters vorgenommen werden, falls Prüfungsängste von Ängsten und Sorgen in mehreren anderen Bereichen begleitet werden (▶ Kap. 3).

---

1 Ab dem 01.01.2022 tritt die 11. Version der ICD in Kraft, die im Mai 2019 von der WHO verabschiedet und in einer ersten Version online veröffentlicht wurde (https://icd.who.int/en/; Abruf am 10.09.2019). In dieser Version werden Angleichungen an das DSM-5 zur Benennung und Klassifikation der Sozialen Angststörung erwartet. Die Diagnose der Emotionalen Störung mit sozialer Ängstlichkeit (▶ Kap. 1.2) fällt hingegen weg. Da bis zum 31.12.2021 die ICD-10 gilt, wird diese im Folgenden als Grundlage verwendet.

1.1 Erscheinungsbild der Sozialen Angststörung

Die Soziale Angststörung beinhaltet schließlich eine manifestierte, unangemessene Furcht vor Leistungs- oder Interaktionssituationen, die sich in verschiedenen Situationen, z. B. außerhalb der Schule wie auch im privaten Bereich, zeigt (APA, 2015). Zugleich sind die Kinder und Jugendlichen nicht in der Lage, altersgemäße soziale Beziehungen mit vertrauten Personen einzugehen. Die Angst tritt zudem nicht nur in Interaktion mit Erwachsenen, sondern auch mit Gleichaltrigen auf und führt zu einer Beeinträchtigung des Alltagslebens und/oder Leidensdruck (APA, 2015).

> **Definition: Soziale Ängste**
>
> Soziale Ängste bezeichnen das Gefühl von Angst und Furcht in sozialen Situationen wie Interaktionen (z. B. eine Spielsituation mit anderen Kindern) und Leistungssituationen (z. B. ein Referat in der Klasse halten oder sich zu melden). Im Zentrum steht die Sorge, sich vor anderen zu blamieren oder nicht gemocht zu werden. Häufig treten soziale Ängste in Situationen mit Kindern und Jugendlichen auf, welche eher unbekannt sind. Soziale Ängste sind fast allen Kindern und Jugendlichen bekannt. Sie haben somit nicht notwendigerweise Krankheitswert und müssen nicht zwingend behandelt werden.

> **Definition: Schüchternheit**
>
> Schüchternheit bezeichnet eine kindliche Verhaltenshemmung in sozialen Kontexten, z. B. bei jüngeren Kindern das Verstecken hinter den Eltern beim Treffen auf Bekannte der Eltern. Im Vergleich zu sozialen Ängsten ist Schüchternheit mehr auf das Verhalten als auf andere Bereiche von Ängsten bezogen wie ängstliche Gedanken oder physiologische Reaktionen. Auch Schüchternheit ist ein breites Phänomen, welches viele Kinder und Jugendliche von sich selbst kennen und beschreiben.

> **Definition: Soziale Angststörung**
>
> Die Soziale Angststörung bezeichnet soziale Ängste mit Krankheitswert. Der Begriff ist äquivalent zum Begriff der sozialen Phobie aus dem ICD-10 zu verwenden. Die Soziale Angststörung bezeichnet eine anhaltende Angst vor negativer Bewertung durch andere Kinder, Jugendliche oder Erwachsene in sozialen Interaktionen und sozialen Leistungssituationen. Neben starkem persönlichem Leiden der Kinder ist die Störung auch durch Leidensdruck und/oder starke Einschränkungen in der Gestaltung des Alltags der Kinder und Jugendlichen gekennzeichnet, wie wenige soziale Kontakte oder die Vermeidung von schulischen Anforderungssituationen.

1.1.2 Frühe Kindheit und Vorschulalter

Epidemiologische Studien legen einen Beginn der Sozialen Angststörung im Grundschulalter nahe. Dass Kinder bereits im Kindergartenalter über eine stabile und klinisch relevante Furcht vor negativer Bewertung durch andere Kinder und Erwachsene berichten, ist eher selten (Esbjørn, Hoeyer, Dyrborg, Leth & Kendall, 2010). Dennoch berichten einzelne Studien bereits über das Auftreten einer Sozialen Angststörung bei Kindern im Alter von drei Jahren, insbesondere charakterisiert durch Vermeidungsverhalten in sozialen Situationen (Bufferd, Dougherty, Carlso, Rose & Klein, 2012). Auch Ängste vor negativer Bewertung scheinen im Vorschulalter schon zu bestehen, wenn auch deutlich weniger häufig als im Grundschulalter (Stuijfzand & Dodd, 2017). Diagnostisch grenzt die ICD-10 aus diesem Grund die Soziale Angststörung oder Soziale Phobie (F40.1) von der Emotionalen Störung mit sozialer Ängstlichkeit des Kindesalters (F93.2) ab, welche weniger den Fokus auf kognitive Prozesse sowie körperliche Begleitsymptome legt, sondern das Verhalten fokussiert.

Eine größere Bedeutsamkeit im Zeitfenster der frühen Kindheit und im Vorschulalter haben Reaktionen und Verhaltensweisen in sozialen Situationen, die als Risikofaktoren für die spätere Entwicklung einer Sozialen Angststörung gelten. Studien legen als zentralen Risikofaktor ein gehemmtes Temperament oder ein hohes Maß an Behavioral Inhibition (BI; Verhaltenshemmung) nahe (Essex, Klein, Slattery, Goldsmith & Kalin, 2010). Kinder mit einer hohen Ausprägung auf dieser Verhaltensdimension reagieren auf unvertraute Situationen oft mit einer starken emotionalen Reaktion (z. B. Anklammern, Schreien und Weinen bei Annäherung einer fremden Person) und zeigen auch in sozialen Situationen wenig Explorationsverhalten (z. B. weniger aktive Kontaktsuche zu unbekannten Gleichaltrigen oder Annäherung an unbekannte Spielsachen). Während BI auf der einen Seite auch ein Risikofaktor für andere Angststörungen sein kann (Ollendick & Hirshfeld-Becker, 2002), scheint BI dennoch besonders stark mit der Entwicklung der Sozialen Angststörung assoziiert zu sein (Hirshfeld-Becker et al., 2007).

Behavioral Inhibition (BI) prädiktiv für soziale Angst

Hirshfeld-Becker et al. (2007) untersuchten in einer Längsschnittstudie 284 Kinder zunächst im Alter von 21 Monaten bis 6 Jahren. Zu diesem Zeitpunkt interagierten die Kinder mit unbekannten Spielsachen und erwachsenen Versuchsleitern. Die Beobachtung des gezeigten Verhaltens führte zur Einstufung in inhibierte (n = 67) vs. nicht inhibierte Kinder (n = 148). Fünf Jahre später zeigte ein klinisches Interview mit 215 der zuvor untersuchten Kinder bzw. deren Eltern, dass BI insbesondere prädiktiven Wert für die Soziale Angststörung hat. 28 % der Kinder, die zum ersten Messzeitpunkt als behavioral inhibiert eingeschätzt wurden, erfüllten in den folgenden fünf Jahren die Kriterien für eine Soziale Angststörung. In der Gruppe der nicht inhibierten Kinder waren dies nur 14 % der Kinder. Trotz statistischer Vorhersagekraft von BI ist zu berücksichtigen, dass ein Großteil der inhibierten Kinder (72 %) die Kriterien für eine Soziale Angststörung nicht erfüllte.

1.1.3 Grundschulalter

Mit der Einschulung beginnt sowohl eine Konfrontation mit Leistungssituationen sowie ein erster Abgleich mit gleichaltrigen Kindern. Zudem stehen die Kinder vor der Aufgabe, sich in eine Gruppe einzufinden. Für viele Kinder entsteht damit die Sorge, von anderen negativ bewertet zu werden. Diese Sorge kumuliert bei einigen Kindern in einer Sozialen Angststörung (Beidel & Turner, 2007). Insbesondere jüngere Kinder zeigen eher somatische Reaktionen als klare Äußerungen von Angst wie vermehrte Bauch- oder Kopfschmerzen (Melfsen & Warnke, 2009), die jedoch meist im Zusammenhang mit sozialen Ereignissen wie z. B. einem Schulfest stehen.

Die Soziale Angststörung gilt als kognitive Störung (Clark & Wells, 1995), die z. B. einer ausgereiften Theory of Mind bedarf (im Sinne der Annahme »eine andere Person denkt etwas anderes über mich, als ich selbst über mich denke«).

> **Definition: Theory of Mind**
>
> Theory of Mind beschreibt die Fähigkeit, Annahmen über Gedanken und Gefühle in anderen Personen vorzunehmen und diese zu erkennen. Somit können Bedürfnisse, Ideen, Absichten, Emotionen, Erwartungen und Meinungen anderer wahrgenommen und als von den eigenen divergent bewertet werden. Erste, einfache Aufgaben zur Theory of Mind können bereits jüngere Kinder zwischen 3 und 5 Jahren bewältigen, während komplexere Aufgaben erst im Alter von ca. 8 Jahren verstanden werden.

Im Zuge dessen kommt den Kognitionen auch im Kindesalter ein hoher Stellenwert zu, wenngleich dieser noch nicht abschließend geklärt ist (Schäfer, Schmitz & Tuschen-Caffier, 2012). Jedoch interpretieren Kinder mit Sozialer Angststörung z. B. mehrdeutige soziale Szenarien häufiger als bedrohlich (Muris, Merckelbach & Damsma, 2000). Andere Befunde deuten zudem bei ängstlichen Kindern auf eine erhöhte Aufmerksamkeit für bedrohliche Reize wie z. B. verärgerte Gesichter hin (Dudeney, Sharpe & Hunt, 2015). Auch im Anschluss an soziale Situationen überwiegt in den Kognitionen der negative Inhalt: Nach einer sozialen Stressaufgabe berichten Kinder mit Sozialer Angststörung bereits im Alter von acht bis zwölf Jahren stark auf negative Gedanken zu fokussieren (Rumination; Schmitz, Krämer, Blechert & Tuschen-Caffier, 2010). Auch die Sorge um die Sichtbarkeit körperlicher Angstsymptome wie z. B. Schwitzen nimmt die Aufmerksamkeit in Anspruch, obgleich körperliche Symptome eher in der Wahrnehmung, nicht aber objektiv stark erhöht vorliegen (Schmitz, Blechert, Krämer, Asbrand & Tuschen-Caffier, 2012).

1 Erscheinungsbild, Entwicklungspsychopathologie und Klassifikation

1.1.4 Jugendalter

Entwicklungspsychologisch ist für Jugendliche die Öffnung des sozialen Umfelds weg von der Familie hin zu Beziehungen mit Gleichaltrigen das zentrale Thema (Oerter & Montada, 2002). Soziale Ängste erreichen somit im Jugendalter ihren Höhepunkt. Typischerweise wird das frühe Jugendalter von den meisten Patient*innen am häufigsten als Beginn der Sozialen Angststörung angegeben (Wittchen, Stein & Kessler, 1999). Die Symptome der Sozialen Angststörung im Jugendalter ähneln denen im Erwachsenenalter (▶ Tab. 1.1). So wird bei Jugendlichen das Sicherheitsverhalten zentraler, indem z. B. das Gesicht hinter den Haaren versteckt wird, Vorträge auswendig gelernt werden oder im Unterricht ein möglichst unscheinbares Verhalten gezeigt wird. Auch kognitive Verzerrungen wie Befürchtungen vor einer sozialen Situation, dass diese peinlich verlaufen könnte, werden stärker (Beidel & Turner, 2007), obgleich sie noch nicht das Ausmaß negativer Kognitionen von erwachsenen Patient*innen mit Sozialer Angststörung erreichen. Weiterhin nehmen auch körperliche Symptome wie Bauchschmerzen, Unruhe und Anspannung in sozialen Situationen bei betroffenen Jugendlichen mit Sozialer Angststörung zu (Ginsburg, Riddle & Davies, 2006). Aufgrund der Zunahme der Störungsschwere und den starken Einschränkungen im schulischen Alltag und der Freizeit, wird die Soziale Angststörung häufig auch durch weitere komorbide Störungen begleitet, wie Depressionen oder andere Angststörungen (Stein et al., 2001). Eine starke Symptomatik kann zu einem fast vollständigen Rückzug aus sozialen Situationen im Jugendalter führen (Erath, Flanagan & Bierman, 2007).

Tab. 1.1: Typische Symptome der Sozialen Angststörung

Altersgruppe	Verhalten	Kognitionen	Körperliche Symptome
Frühe Kindheit und Vorschulalter	Weinen, Anklammern, Wutanfälle Selektiver Mutismus[2], Vermeidung sozialer Situationen, Verlegenheit		Unruhe, Bauch- und Kopfschmerzen
Grundschulalter	Weinen, Wutanfälle, Vermeidung sozialer Situationen, Rückzug	*Vor der Situation:* Sorge um potenziell auftretende peinliche Ereignisse (antizipatorische Rumination) *In der Situation:* stärkere Wahrnehmung von Bedrohung (Aufmerksamkeits-	Unruhe, Bauch- und Kopfschmerzen, Herzklopfen, Zittern, Schwitzen
Jugendalter	Vermeidung sozialer Situationen,		Symptome teilweise ähnlich einer

---

2 Während die ICD-10 dieses Störungsbild (▶ Kap. 3) als Elektiven Mutismus bezeichnet, sprechen ICD-11 und DSM-5 von Selektivem Mutismus. Letztere Variante wird auch hier bevorzugt, da diese beinhaltet, dass das Kind in einzelnen (also selektiven) Situationen schweigt.

Tab. 1.1: Typische Symptome der Sozialen Angststörung – Fortsetzung

Altersgruppe	Verhalten	Kognitionen	Körperliche Symptome
	Rückzug, Sicherheitsverhalten (z. B. Vermeidung von Blickkontakt)	und Interpretationsverzerrungen) *Nach der Situation:* Grübeln mit Fokus auf negativen Elementen (post-event Rumination)	Panikattacke, insbesondere Herzklopfen, Zittern, Schwitzen

1.2 Diagnostische Kriterien (ICD-10 und DSM-5)

In Deutschland erfolgt derzeit die diagnostische Klassifikation der Sozialen Angststörung nach der 10. Version der Internationalen statistischen Klassifikation der Krankheiten und verwandter Gesundheitsprobleme (ICD-10; WHO, 1994). Starke soziale Ängste im Kindesalter können, wenn sie vor dem 6. Lebensjahr auftreten, als Emotionale Störung mit sozialer Ängstlichkeit (ICD-10, F93.2) klassifiziert werden. Soziale Ängste werden in dieser Kategorie aufgrund des jungen Alters meist stark behavioral klassifiziert. Weiterhin muss für diese Störungsdiagnose keine Einsicht in die Übertriebenheit der Ängste bei den Kindern vorhanden sein. Sind die Diagnosekriterien für eine Soziale Phobie nach ICD-10 erfüllt, sollte aktuell jedoch diese Diagnose vorgezogen werden. In der ICD-11 fällt diese Diagnose ab dem 01.01.2022 unter die Diagnose der Sozialen Angststörung. Im anglo-amerikanischen Raum wird zur kategorialen Diagnostik das DSM-5 (APA, 2013) verwendet. Das DSM verfolgt einen anderen Ansatz für psychische Störungen im Kindes- und Jugendalter. Es werden, so wie auch bei der Sozialen Angststörung, die Diagnosekriterien für das Erwachsenenalter um Besonderheiten im Kindesalter ergänzt. Auch in der internationalen Forschung werden in Studien bis auf wenige Ausnahmen die Diagnosekriterien des DSM-5 herangezogen. Während in der ICD-10 noch von Sozialer Phobie gesprochen wird, benutzt das DSM die aktuellere Bezeichnung Soziale Angststörung, welche die Sozialen Ängste besser von spezifischen und umgrenzten phobischen Ängsten abgrenzt. Unterschiede zwischen DSM-5 und ICD-10 beziehen sich auf die Notwendigkeit physiologischer Symptome für eine Diagnose nach ICD-10. Da auf der einen Seite Kinder weniger als Erwachsene physiologische Angstsymptome berichten (Siess, Blechert & Schmitz, 2014) und auch Erwachsene mit sozialen Ängsten keine übermäßig starke körperliche Reaktion in sozialen Situationen zeigen (Klumbies, Braeuer, Hoyer & Kirschbaum, 2014), sollte dieses diagnostische Kriterium ggf. nachrangig zur Klassifikation herangezogen werden. Als weiterer wichtiger Unterschied zwischen den Klassifikationssystemen ist im DSM-5 die Einsicht in die Übertriebenheit der sozialen Ängste nicht mehr notwendig für die Diagnosestellung.

> **Diagnostische Kriterien für eine Soziale Phobie nach ICD-10 (F40.1)**
>
> A. Entweder 1. oder 2.:
> 1. Deutliche Furcht im Zentrum der Aufmerksamkeit zu stehen oder sich peinlich oder erniedrigend zu verhalten;
> 2. deutliche Vermeidung im Zentrum der Aufmerksamkeit zu stehen oder von Situationen, in denen die Angst besteht, sich peinlich oder erniedrigend zu verhalten.
> Diese Ängste treten in sozialen Situationen auf, wie Essen oder Sprechen in der Öffentlichkeit, Begegnungen von Bekannten in der Öffentlichkeit, Hinzukommen oder Teilnahme an kleinen Gruppen, wie z. B. bei Partys, Konferenzen oder in Klassenräumen.
> B. Mindestens zwei Angstsymptome in den gefürchteten Situationen, mindestens einmal seit Auftreten der Störung wie in F40.0, Kriterium B., definiert, sowie zusätzlich mindestens eins der folgenden Symptome:
> 1. Erröten oder Zittern,
> 2. Angst zu erbrechen,
> 3. Miktions- oder Defäkationsdrang bzw. Angst davor.
> C. Deutliche emotionale Belastung durch die Angstsymptome oder das Vermeidungsverhalten. Einsicht, dass die Symptome oder das Vermeidungsverhalten übertrieben oder unvernünftig sind.
> D. Die Symptome beschränken sich ausschließlich oder vornehmlich auf die befürchteten Situationen oder auf Gedanken an diese.
> E. Häufigstes Ausschlusskriterium: Die Symptome des Kriteriums A. sind nicht bedingt durch Wahn, Halluzinationen oder andere Symptome der Störungsgruppen organische psychische Störungen (F20-F29), affektive Störungen (F30-F39) oder eine Zwangsstörung (F42.-) oder sind nicht Folge einer kulturell akzeptierten Anschauung.

> **Diagnostische Kriterien für die Soziale Angststörung nach DSM-5[3]**
>
> A. Ausgeprägte Furcht oder Angst vor einer oder mehreren sozialen Situationen, in denen die Person von anderen Personen beurteilt werden könnte. Beispiele hierfür sind soziale Interaktionen (z. B. Gespräche mit anderen, Treffen mit unbekannten Personen), beobachtet zu werden (z. B. beim Essen oder Trinken) und vor anderen Leistungen zu erbringen (z. B. eine Rede halten).

---

3 Abdruck erfolgt mit Genehmigung vom Hogrefe Verlag Göttingen aus dem Diagnostic and Statistical Manual of Mental Disorders Fifth Edition, © 2013 American Psychiatric Association, dt. Version © 2018 Hogrefe Verlag.

1.2 Diagnostische Kriterien (ICD-10 und DSM-5)

Beachte: Bei Kindern muss die Angst gegenüber Gleichaltrigen und nicht nur in der Interaktion mit Erwachsenen auftreten.

B. Betroffene befürchten, dass sie sich in einer Weise verhalten könnten oder Symptome der Angst offenbaren, die von anderen negativ bewertet werden (d. h. die beschämend oder peinlich sind, zu Zurückweisung führen oder andere Personen kränken).
C. Die sozialen Situationen rufen fast immer eine Furcht- oder Angstreaktion hervor.
Beachte: Bei Kindern kann sich die Furcht oder Angst durch Weinen, Wutanfälle, Erstarren, Anklammern, Zurückweichen oder die Unfähigkeit, in sozialen Situationen zu sprechen, ausdrücken.
D. Die sozialen Situationen werden vermieden oder unter intensiver Furcht oder Angst ertragen.
E. Die Furcht oder Angst geht über das Ausmaß der tatsächlichen Bedrohung durch die soziale Situation hinaus und ist im soziokulturellen Kontext unverhältnismäßig.
F. Die Furcht, Angst oder Vermeidung ist andauernd, typischerweise über 6 Monate oder länger.
G. Die Furcht, Angst oder Vermeidung verursacht in klinisch bedeutsamer Weise Leiden oder Beeinträchtigung in sozialen, beruflichen oder anderen wichtigen Funktionsbereichen.
H. Die Furcht, Angst oder Vermeidung ist nicht Folge der physiologischen Wirkung einer Substanz (z. B. Substanz mit Missbrauchspotenzial, medikamentöse Wirkstoffe) oder eines medizinischen Krankheitsfaktors.
I. Die Furcht, Angst oder Vermeidung kann nicht besser durch die Symptome einer anderen psychischen Störung erklärt werden, wie z. B. Panikstörung, Körperdysmorphe Störung oder Autismus-Spektrum-Störung.
J. Falls ein medizinischer Krankheitsfaktor (z. B. Morbus Parkinson, Adipositas, eine Entstellung durch Verbrennung oder Verletzung) vorliegt, so steht die Furcht, Angst oder Vermeidung nicht damit in Zusammenhang oder geht deutlich darüber hinaus.

Bestimme, ob:
»Nur in Leistungssituationen«: Zu verwenden, wenn die Soziale Angststörung ausschließlich auf das Sprechen vor anderen bzw. das Erbringen von Leistungen vor anderen (oder in der Öffentlichkeit) beschränkt ist.

Diagnostische Kriterien für eine Emotionale Störung mit sozialer Ängstlichkeit nach ICD-10 (F93.3)

- Anhaltende Ängstlichkeit in sozialen Situationen, in denen das Kind auf fremde Personen, auch Gleichaltrige, trifft, mit vermeidendem Verhalten.

- Befangenheit, Verlegenheit oder übertriebene Sorge über die Angemessenheit des Verhaltens Fremden gegenüber.
- Deutliche Beeinträchtigung und Reduktion sozialer Beziehungen (einschließlich der Gleichaltrigen), die infolgedessen vermindert sind; in neuen oder erzwungenen sozialen Situationen deutliches Leiden und Unglücklichsein mit Weinen, Schweigen oder Rückzug aus der Situation.
- Befriedigende soziale Beziehungen zu Familienmitgliedern und zu gut bekannten Gleichaltrigen.

1.3 Überprüfung der Lernziele

- Wie ist die Soziale Angststörung von Schüchternheit abzugrenzen?
- Wie ändert sich die Symptomatik der Sozialen Angststörung von der frühen Kindheit hin zum Jugendalter?
- Markus (12 Jahre) sorgt sich sehr um seine Leistung in der Schule. Was müssen Sie insbesondere abklären, um eine umgrenzte Soziale Angststörung diagnostizieren zu können?

2 Epidemiologie, Verlauf und Folgen

Fallbeispiel

Markus war bereits im Kleinkindalter ein zurückhaltender Junge. Insbesondere in neuen Situationen und im Kontakt mit unbekannten Kindern und Erwachsenen verhielt sich Markus oft abwartend und vorsichtig. Oft weigerte er sich, neue Dinge auszuprobieren und reagierte mit Anspannung, Verweigerung und Weinen in Situationen mit vielen Reizen. Im Kindergarten- und Grundschulalter tat Markus sich schwer, Freundschaften zu schließen, hatte jedoch einen guten Freund mit dem er regelmäßig spielte. Mit dem Wechsel auf die weiterführende Schule im Alter von neun Jahren berichtete Markus von zunehmenden Leistungsängsten und beteiligte sich in den meisten Fächern nicht mehr am Unterricht. Von anderen Kindern wurde Markus zunehmend ausgegrenzt und war sozial isoliert. Im Jugendalter beschäftigt sich Markus hauptsächlich mit exzessivem PC-Spielen. Seine Eltern berichten, dass Markus zunehmend traurig gestimmt wirke und weitere Ängste entwickelt habe.

Lernziele

- Sie wissen, wie häufig die Soziale Angststörung im Kindes- und Jugendalter ist.
- Sie wissen, welchen Verlauf starke soziale Ängste in den meisten Fällen bei Kindern und Jugendlichen nehmen.
- Sie können häufige negative Folgen einer Sozialen Angststörung im Kindes- und Jugendalter benennen.
- Sie kennen realistische und unrealistische Erwartungen hinsichtlich des Störungsverlaufs unter psychotherapeutischer Behandlung.

2.1 Epidemiologie

2.1.1 Beginn der Sozialen Angststörung im Kindes- und Jugendalter

Angststörungen, darunter auch die Soziale Angststörung, gehören zu den häufigsten psychischen Störungen im Kindes- und Jugendalter überhaupt. Jedoch sind epidemiologische Studien insbesondere zu Erkrankungsraten im Grund- und Vorschulalter vergleichsweise selten (Cartwright-Hatton, McNicol & Doubleday, 2006). Im Erwachsenenbereich legen aktuelle Schätzungen eine Lebenszeitprävalenz der Sozialen Angststörung von ca. 4–7% nahe (z. B. Beesdo-Baum et al., 2012; Stein et al., 2017). Konsistente Befunde zeigen sich dahingehend, dass in der deutlichen Mehrzahl aller Fälle die Soziale Angststörung vor dem 18. Lebensjahr beginnt. Es wird geschätzt, dass die Soziale Angststörung bei etwa der Hälfte aller Fälle ihren Beginn vor dem 13. Lebensjahr hat (Beesdo-Baum & Knappe, 2012). Insbesondere bei stark generalisierten und breiten sozialen Ängsten beginnt die Soziale Angststörung fast immer vor dem Erwachsenenalter (Wittchen et al., 1999). Die Frage, ab wann die Soziale Angststörung am frühesten auftritt, kann aufgrund der aktuellen Forschungslage nicht eindeutig beantwortet werden. Einzelne Studien berichten, dass Kinder bereits ab einem Alter von drei oder vier Jahren die Kriterien für eine Soziale Angststörung erfüllen können (Dodd et al., 2015). Im Hinblick auf die äußerst geringen Prävalenzzahlen vor dem Alter von acht Jahren (▶ Kap. 1.1.2), scheinen diese Fälle jedoch im klinischen Alltag nur sehr selten vorzukommen. In vielen Fällen gehen einer Sozialen Angststörung – wie im Fallbeispiel – bereits ein deutlich gehemmtes Temperament und Schüchternheit im Vorschulalter voraus.

> **Definition: Epidemiologie**
>
> Epidemiologische Studien untersuchen Erkrankungsmerkmale wie Häufigkeit, Neuerkrankungsraten, Geschlechterverteilungen oder Krankheitsverläufe. Epidemiologische Untersuchungen finden häufig in großen repräsentativen Bevölkerungsstudien in einem Land statt. Häufigkeitsangaben beziehen sich in der Regel auf einen bestimmten Zeitpunkt (Punktprävalenz) oder einen Zeitraum (z. B. 12-Monats-Prävalenz oder Lebenszeitprävalenz). Weiterhin untersuchen epidemiologische Studien die Rate der Neuerkrankungen in einem bestimmten Zeitraum (Inzidenz).

2.1.2 Häufigkeit der Sozialen Angststörung im Kindes- und Jugendalter

In Deutschland finden sich einige wenige große Studien, die die Auftretenswahrscheinlichkeit psychischer Störungen im Allgemeinen und somit auch der Sozialen Angststörung im Kindes- und Jugendalter untersucht haben (Essau, Conradt & Petermann, 1999; Wittchen et al., 1999). Im Rahmen der *Bremer Jugendstudie* fanden Essau et al. (1999) an einer Stichprobe von 1035 Kindern und Jugendlichen im Alter von 12–17 Jahren, dass 1,6% die DSM-IV Kriterien für eine Soziale Angststörung irgendwann in ihrem Leben erfüllten. Diese Ergebnisse bestätigen frühere Befunde von Benjamin und Kolleg*innen, die in ihren Stichproben Häufigkeiten um 1,4% für klinisch relevante soziale Ängste fanden (Benjamin, Costello & Warren, 1990). In einer weiteren, groß angelegten deutschen Studie von Wittchen und Kolleg*innen (1999), im Rahmen der *Early Developmental Stages of Psychopathology Study* (EDSP), wurden 3021 Münchener Jugendliche und Erwachsene im Alter zwischen 14–24 Jahren untersucht. 7,3% der Stichprobe erfüllten zu irgendeinem Zeitpunkt ihres Lebens die Diagnose einer Sozialen Angststörung, die 12-Monats-Prävalenz lag bei 5,2%. An einer anderen, vergleichsweise jungen Stichprobe fanden Federer et al. (Federer, Stüber, Margraf, Schneider & Herrle, 2001) im Zuge der *Dresdener Kinder-Angst-Studie* (DKAS) bei 826 Kindern im Alter von acht Jahren eine Punktprävalenz von 0,4%. Insgesamt finden sich höhere Prävalenzraten bei Mädchen als bei Jungen.

Generell zeigen sich starke Schwankungen in den Prävalenzraten zwischen unterschiedlichen epidemiologischen Studien. Hierfür werden verschiedene Gründe diskutiert. Auf der einen Seite variieren die verwendeten Diagnosekriterien der Sozialen Angststörung zwischen den Studien. Beispielsweise scheinen Prävalenzraten geringer zu sein, wenn die Kriterien des ICD-10 im Vergleich zu den DSM-Kriterien verwendet werden (Adornetto, Suppiger, In-Albon, Neuschwander & Schneider, 2012). Da im ICD-10 anders als im DSM-5 eine körperliche Angstreaktion als Voraussetzung zur Diagnosestellung enthalten ist, jüngere Kinder aber häufig keine körperlichen Angstsymptome berichten (Muris, Merckelbach & van Spauwen, 2003), führt dies zu geringeren Prävalenzraten bei Verwendung der ICD-10-Kriterien. Ein weiterer Grund für die Prävalenzunterschiede zwischen verschiedenen Studien ist der Umgang mit Eltern- und Kindangaben zum Vorliegen von sozialen Ängsten. Studien zeigen, dass die Angaben von Eltern und Kindern insbesondere hinsichtlich internalisierender Symptome, darunter auch soziale Ängste, nicht übereinstimmen. Dies liegt beispielsweise daran, dass internalisierende Symptome für Eltern nur zu einem begrenzten Umfang beobachtbar sind und auch in Kontexten auftreten, in denen Bezugspersonen nicht anwesend sind (z. B. im Schulunterricht). Je nachdem, wie in epidemiologischen Studien das Vorliegen der diagnostischen Kriterien gewertet wird – Erfüllen der Kriterien durch entweder Kind- oder Elternangaben bzw. durch Übereinstimmung aller Informationsquellen – ergeben sich Unterschiede in den Prävalenzzahlen (Popp et al., 2017).

2.2 Verlauf der Sozialen Angststörung

Insbesondere für die Frage der psychotherapeutischen Indikation, also inwiefern eine Behandlung der Sozialen Angststörung im Kindes- und Jugendalter zeitnah erfolgen muss, spielen Erkenntnisse über den Störungsverlauf eine große Rolle. Zeigen epidemiologische Daten, dass die Störung in den meisten Fällen ohne eine Behandlung nicht remittiert, ist eine psychotherapeutische Behandlung dringend in Betracht zu ziehen, um eine Störungschronifizierung und die Entwicklung von komorbiden Störungen und negativen psychosozialen Folgen zu verhindern. Insgesamt weisen Forschungsdaten drauf hin, dass von einer hohen Störungsstabilität der Sozialen Angststörung im Kindes- und Jugendalter auszugehen ist.

In einer großen spanischen Längsschnittstudie über den Zeitraum von 14 Jahren wurden über 24.000 Kinder und Jugendliche mit Angststörungen hinsichtlich der Diagnosestabilität untersucht. Neben Spezifischen Phobien zeigten Patient*innen mit einer Sozialen Angststörung die höchste Störungsstabilität (ca. 70%) im Vergleich zu anderen Angst- und Zwangsstörungen (Carballo et al., 2010). Während sich keine Unterschiede zwischen Jungen und Mädchen hinsichtlich der Störungsstabilität zeigten, wiesen Jugendliche mit einer Sozialen Angststörung eine leicht erhöhte Störungsstabilität (72%) im Vergleich zu Grundschüler*innen (66%) auf. Hinsichtlich der Störungsstabilität im Jugendalter und jungen Erwachsenenalter fanden Beesdo-Baum und Knappe (2012) an der EDSP-Stichprobe, dass nach 10 Jahren zwar nur noch 15% der Stichprobe die Kriterien für eine Soziale Angststörung erfüllten, jedoch auch nur eine vergleichbare Anzahl von Patient*innen eine vollständige Remission der Störung berichtete. Die Autorinnen schließen hieraus, dass die Symptomatik der Sozialen Angststörung eine große Fluktuation aufweist, die Symptome insgesamt jedoch sehr stabil erscheinen. Besonders stabil scheint die Symptomatik der Störung zu sein, wenn soziale Ängste generalisiert, also in vielen verschiedenen Situationen, auftreten und wenn die Soziale Angststörung von anderen psychischen Störungen komorbid begleitet wird. Insgesamt erweist sich die Störung damit bereits im Kindes- und Jugendalter als sehr stabile psychische Störung.

2.3 Folgen einer Sozialen Angststörung

Studien weisen darauf hin, dass eine Soziale Angststörung im Kindes- und Jugendalter sehr negative Auswirkungen in verschiedenen Lebensbereichen von Betroffenen hat, wie auch im Fallbeispiel zu Beginn dieses Kapitels. So berichten Kinder mit Angststörungen, darunter auch die Soziale Angststörung, von mehr negativen Interaktionen mit Gleichaltrigen, mehr Ablehnung durch Gleichaltrige und einem insgesamt deutlich herabgesetzten Selbstwert (Ginsburg, La Greca &

Silverman, 1998). Negative Erfahrungen und Ausgrenzungen durch Peers können dabei sowohl die Entwicklung von sozialen Ängsten begünstigen, als auch die Folge einer Sozialen Angststörung sein. Die vermehrte Ausgrenzung als Folge von sozialen Ängsten liegt möglicherweise darin begründet, dass sozialängstliche Kinder und Jugendliche sich sozial ungeschickter verhalten und sich bei Ausgrenzung und Bullying weniger wehren als Kinder ohne Soziale Angststörung (Ranta, Kaltiala-Heino, Fröjd & Marttunen, 2013). Hinsichtlich der schulischen Leistungen zeigen sich ebenfalls Hinweise auf einen starken negativen Einfluss von Ängsten. So berichten Erwachsene mit verschiedenen Angststörungen, einschließlich der Sozialen Angststörung, dass starke soziale Ängste der Hauptgrund für einen frühzeitigen Schulabbruch in der Jugend waren (Van Ameringen, Mancini & Farvolden, 2003). Im Hinblick auf das familiäre Umfeld scheint eine Soziale Angststörung im Kindes- und Jugendalter mit vermehrt negativem Elternverhalten wie Überbehütung oder weniger positiver Interaktion assoziiert zu sein, wobei unklar bleibt, ob die negative familiäre Interaktion Ursache oder Folge von kindlichen Angstsymptomen ist (Asbrand, Hudson, Schmitz & Tuschen-Caffier, 2017). Da insbesondere negative interpersonelle Erfahrungen zwischen Kindern und Familienmitgliedern aber auch Peers wichtige aufrechterhaltende Faktoren für die Störung sein können, kann deren Einbezug in die Psychotherapie (z. B. Interventionen zum Aufbau von Kontakten mit Gleichaltrigen) wichtig sein.

2.4 Veränderungen durch Psychotherapie und Behandlungserwartung

Hinsichtlich des Verlaufs der Sozialen Angststörung stellt sich für die Psychotherapie die Frage, welcher Verlauf der Störung unter Behandlung im Hinblick auf die Symptomatik der Sozialen Angststörung aber auch mögliche negative psychosoziale Folgen zu erwarten ist (z. B. keine altersentsprechende soziale Integration bei Nichtbehandlung). Eine weitere wichtige Rolle spielt auch die Erwartung hinsichtlich des Behandlungserfolgs von Kindern und Jugendlichen selbst, aber auch wichtiger Bezugspersonen wie Eltern, Familienangehöriger oder Lehrkräfte. Grundsätzlich zeigt sich (▶ Kap. 7), dass eine kognitiv-verhaltenstherapeutische Behandlung bei der Mehrheit der Kinder und Jugendlichen zu einem Absinken der Symptomatik unterhalb der klinischen Schwelle führt (Spence, Donovan & Brechman-Toussaint, 2000) und die Behandlungserfolge insgesamt stabil sind. Auf der anderen Seite zeigen Studien auch, dass bei einem Teil der behandelten Kinder und Jugendlichen die Sozialen Angststörung auch nach Psychotherapie weiter bestehen kann (Herbert et al., 2009).

In der psychotherapeutischen Behandlung sollte darüber informiert werden, welche realistischen Erwartungen Patient*innen hinsichtlich der Psychotherapie haben können, aber auch welche möglichen unrealistischen Erwartungen vorliegen (▶ Tab. 2.1). Insbesondere, wenn Patient*innen oder Angehörige unrealistisch hohe Erwartungen an die Psychotherapie haben, wie z. B. dass innerhalb von kurzer Zeit alle Symptome der Sozialen Angststörung verschwinden werden, führt das in vielen Fällen zu Frustration und einem Absinken der Behandlungsadhärenz. Neben überzogenen Behandlungserwartungen sollten Familien darüber aufgeklärt werden, dass die Symptomatik der Störung auch während der Behandlung schwanken kann, z. B. wenn punktuelle Belastungsfaktoren, wie Schulwechsel oder Elternkonflikte, hinzukommen. Wichtig ist, Patient*innen und Bezugspersonen darauf vorzubereiten, dass solche Schwankungen normal sind und nicht bedeuten, dass die psychotherapeutische Behandlung keinen Erfolg hat. Wenn derartige Schwankungen mehrfach auftreten, kann es in späteren »Krisen« hilfreich sein, auf frühere Verschlechterungen Bezug zu nehmen und die positive Bewältigung in der Vergangenheit zu betonen.

Tab. 2.1: Realistische vs. unrealistische Behandlungserwartungen

Realistische Behandlungserwartungen	Unrealistische Behandlungserwartungen
• Das Kind und die Eltern lernen die sozialen Ängste besser zu verstehen und besser mit den sozialen Ängsten umzugehen. • Das Kind lernt Symptome der sozialen Angst wie negative Kognitionen und Vermeidungsverhalten zu verändern. • Die Soziale Angststörung kann durch eine stabile psychotherapeutische Behandlung und Unterstützung durch das Umfeld so weit behandelt werden, dass keine klinisch relevante Symptomatik mehr vorliegt. • Auch bei einer erfolgreichen Behandlung der Störung können Ängste erneut auftreten. • Negative Folgen der Störung müssen neben der Einzeltherapie ebenfalls in der Gesamtbehandlung berücksichtigt werden (z. B. Leistungsprobleme aufgrund von Fehlzeiten in der Schule).	• Die sozialen Ängste verschwinden komplett, das Kind ist in sozialen Situationen gar nicht mehr ängstlich oder schüchtern. • Bereits nach wenigen psychotherapeutischen Sitzungen sind die sozialen Ängste nicht mehr vorhanden. • Nach einer erfolgreichen psychotherapeutischen Behandlung kommt die Soziale Angststörung nicht wieder. • Durch die Einzeltherapie des Kindes verändern sich automatisch auch negative Begleiterscheinungen und Folgen der Störung wie Leistungsprobleme, Bullying oder negative Interaktionen mit Familienmitgliedern.

2.5 Überprüfung der Lernziele

- Wie häufig ist die Soziale Angststörung im Kindes- und Jugendalter?
- Welchen Verlauf nehmen starke soziale Ängste in den meisten Fällen bei Kindern und Jugendlichen?
- Was sind häufige negative Folgen einer Sozialen Angststörung im Kindes- und Jugendalter?
- Was sind realistische und unrealistische Erwartungen hinsichtlich des Störungsverlaufs unter psychotherapeutischer Behandlung?

3 Komorbidität und Differenzialdiagnostik

> **Fallbeispiel**
>
> Der 13;4-jährige Hannes berichtet bei der Erstvorstellung in der kinder- und jugendpsychotherapeutischen Ambulanz von zahlreichen Ängsten. So habe er große Angst vor Prüfungen in der Schule, aber auch davor, dass ein Krieg ausbrechen könne, seinen Eltern etwas zustoße, oder dass ihm selbst etwas passieren könne. Bei genauerer Exploration schildert er vor allem Ängste im sozialen Bereich: Er habe insbesondere Angst davor, irgendwann auf sich gestellt zu sein und mit anderen nicht in Kontakt treten zu können. Kognitiv schildert er vor allem die Sorge, in der Schule nicht gut genug zu sein, um später einen guten Beruf ergreifen zu können. Wenn er so viel nachdenke, sei er oft niedergeschlagen und ziehe sich zurück. Phasenweise schlafe er dann nur wenig und esse kaum etwas. Differenzialdiagnostisch zeigt sich eine Soziale Angststörung mit rezidivierenden depressiven Phasen. Subklinisch liegen Symptome einer Generalisierten Angststörung vor.

Lernziele

- Sie können die häufigsten Komorbiditäten benennen und z. B. Ursachen für das gemeinsame Auftreten beschreiben.
- Sie können die Soziale Angststörung von der Generalisierten Angststörung abgrenzen.
- Sie können die Soziale Angststörung von einer Tiefgreifenden Entwicklungsstörung abgrenzen.
- Sie können die Soziale Angststörung vom Schulabsentismus abgrenzen.

3.1 Komorbidität

Ungefähr zwei Drittel aller Patient*innen mit Sozialer Angststörung berichten über weitere komorbid auftretende psychische Störungen (Szafranski, Talkovsky, Farris & Norton, 2014). Insbesondere die generalisierte Form der Sozialen Angststörung ist geprägt von hoher Komorbidität mit depressiven Störungen (v. a. Major Depression), anderen Angststörungen und auch dem Aufmerksamkeitsdefizit/ Hyperaktivitätssyndrom (ADHS; Chavira, Stein, Bailey & Stein, 2004). Aufgrund des frühen Beginns der Sozialen Angststörung tritt die komorbide Erkrankung meist in der Folge auf (Rapee & Spence, 2004; Spence & Rapee, 2016). Es ist denkbar, dass eine komorbide Störung Vermeidungs- und Rückzugsverhalten noch weiter fördert, sodass generell mit Vorliegen einer komorbiden Störung die wahrgenommene Lebensqualität noch weiter sinkt als mit einer Sozialen Angststörung (Szafranski et al., 2014).

> **Merke: Komorbidität**
>
> In der Diagnostik der Sozialen Angststörung ist zunächst zu differenzieren, ob eine Störung komorbid vorliegt oder ob nicht etwa eine andere Störung die Symptomatik besser erklärt (▶ Kap. 3.2). Besonders häufig komorbid auftretende Störungen sind andere Angststörungen und affektive Störungen.

3.1.1 Andere Angststörungen

Gerade da andere Angststörungen besonders häufig komorbid zur Sozialen Angststörung vorliegen (Szafranski et al., 2014), ist zunächst genau zu klären, ob tatsächlich eine weitere Angststörung vorliegt, oder ob die Sozialen Ängste im Rahmen einer anderen Diagnose besser erfasst werden. So treten z. B. im Rahmen der Generalisierten Angststörung meist auch soziale Ängste auf (▶ Kap. 3.2.1). Obgleich gewisse Faktoren in der Ätiologie verschiedener Angststörungen sicher ähnlich sind (z. B. zurückhaltendes Temperament, negative Lernerfahrungen), ist für die Therapieplanung eine differenzierte Erfassung der Symptomatik und möglicher Komorbiditäten essenziell.

Die häufigste Komorbidität der Sozialen Angststörung im Bereich der Angststörungen stellt die Spezifische Phobie dar (ICD-10: F40.1; 10 %, Beidel, Turner & Morris, 1999), welche eine ausgeprägte Angst vor spezifischen Objekten oder Situationen umfasst. Ebenfalls sehr häufig tritt eine komorbide Emotionale Störung mit Trennungsangst des Kindesalters (ICD: F93.0) auf (6 %, Beidel et al., 1999).

Nach ICD-10 ist eine gleichzeitige Kodierung der Sozialen Angststörung und der Generalisierten Angststörung nicht möglich (F41.1, WHO, 1994). Nach DSM-5 ist die parallele Diagnosestellung möglich, was dem Fakt Rechnung trägt, dass im Alltag häufig beide Störungsbilder parallel auftreten. Dies spiegelt sich auch in Komorbiditätsraten nach DSM-IV im Bereich von 10–29 % wider (Beidel et al., 1999). Somit stellt nach DSM-IV die Generalisierte Angststörung die häufigste Komorbidität dar.

3 Komorbidität und Differenzialdiagnostik

> **Merke: Unterschiede andere Angststörungen und Soziale Angststörung**
>
> Die Soziale Angststörung tritt sehr häufig komorbid mit anderen Angststörungen auf. Verhaltensweisen (z. B. Verweigerung des Schulbesuchs) sind dabei nur begrenzt aussagekräftig. Somit ist die Erfassung angstspezifischer Kognitionen (z. B. Angst vor anderen Kindern, vor Prüfungen oder vor Trennung von den Eltern) zentral für die Diagnosestellung.

3.1.2 Selektiver Mutismus

Selektiver Mutismus[4] (ICD-10: F94.0) umfasst das Verstummen in Situationen, in denen eigentlich die soziale Erwartung des Sprechens besteht (z. B. Schule). In anderen Situationen hingegen kann das Kind sprechen. Das Verhalten liegt mindestens einen Monat vor und ist keine Folge einer Tiefgreifenden Entwicklungsstörung, Kommunikationsstörung oder psychotischen Störung (American Psychiatric Association [APA], 2015). Einzelne Studien berichten eine Komorbidität von ca. 8 % (Beidel et al., 1999). Laut Metaanalysen zeigt sich der Selektive Mutismus insbesondere bei jüngeren Kindern häufig als komorbide Diagnose. Bislang ist noch nicht vollständig geklärt, ob das Schweigen in sozialen Situationen eine Extremform der Vermeidung eines Kindes mit Sozialer Angststörung ist, statt einer separaten Störung (Bögels et al., 2010). Bei sehr jungen Kindern wäre es denkbar, dass das Verstummen ein gelerntes Sicherheitsverhalten ist, um der sozialen Situation in der Schule möglichst effektiv aus dem Wege zu gehen. Klinisch betrachtet ist es auch bei Vorliegen sozialer Angstsymptome durchaus sinnvoll, eine separate Diagnose des Selektiven Mutismus zu vergeben, um der Spezifizität des Störungsbildes Raum zu geben und eine passende Behandlung des mutistischen Verhaltens einzuleiten (Bögels et al., 2010).

> **Merke: Unterschiede Selektiver Mutismus und Soziale Angststörung**
>
> Auffälligkeiten in der Sprache wie z. B. Schweigen liegen bei der Sozialen Angststörung häufig nur zu Beginn einer sozialen Situation vor. Sollte das Schweigen länger andauern, ist es meist nicht durch oppositionelle Faktoren erklärbar, wie es beim Selektiven Mutismus der Fall sein kann.

---

4 Dieses Störungsbild wird in der ICD-10 als Elektiver Mutismus aufgeführt (▶ Kap. 1). Aufgrund der besseren Passung des Begriffs »selektiv« und der Verwendung in den aktuelleren Versionen (ICD-11, DSM-5) wird in diesem Buch die Bezeichnung Selektiver Mutismus gewählt.

3.1.3 Depressive Störungen

Fast die Hälfte aller Betroffenen mit Sozialer Angststörung leidet im Laufe ihres Lebens an einer depressiven Erkrankung (Last, Perrin, Hersen & Kazdin, 1992). Eine depressive Episode äußert sich über niedergedrückte Stimmung, verminderten Antrieb, Interesselosigkeit sowie häufig einen sozialen Rückzug (ICD-10: F 32, WHO, 1994). Zur Diagnosestellung müssen die Symptome klinisch bedeutsamen Leidensdruck erzeugen oder eine Beeinträchtigung im Alltag mit sich bringen (z. B. Schule, Familie). Mädchen scheinen häufiger vom komorbiden Auftreten einer Sozialen Angststörung und Depression betroffen zu sein (Epkins & Heckler, 2011).

> **Merke: Unterschiede Affektive Störungen und Soziale Angststörung**
>
> Der soziale Rückzug tritt bei der depressiven Episode nicht aus Angst vor Abweisung durch andere, sondern aus Antriebslosigkeit oder Interesselosigkeit auf. Rumination (Gedankenkreisen) ist bei beiden Störungsbildern beobachtbar, unterscheidet sich jedoch teilweise bzgl. der Inhalte und des Auftrittszeitpunkts (Soziale Angststörung: primär nach der Situation, Depression: primär vor der Situation).

In der Regel liegt zunächst die Soziale Angststörung vor (Essau, Conradt & Petermann, 2000). Einem früheren Beginn der Sozialen Angststörung (Kindheit vs. Jugend) folgt oft ein schnellerer Beginn einer depressiven Episode sowie ein schwerwiegender Verlauf dieser (Cummings, Caporino & Kendall, 2014). Tatsächlich gilt die Soziale Angststörung als Risikofaktor für die Entwicklung einer depressiven Störung (Stein et al., 2001), wenngleich einer Sozialen Angststörung nicht immer eine depressive Episode folgt und einer depressiven Episode nicht unbedingt eine Soziale Angststörung vorausgeht (Epkins & Heckler, 2011). Es ist davon auszugehen, dass (soziale) Angst und Depression gemeinsame Grundlagen aufweisen. So zeigt sich bei beiden Störungsbildern erhöhter Neurotizismus bzw. negative Affektivität, verminderte Extraversion bzw. positive Affektivität, teilweise gepaart mit geringerer Kontrolle über die eigene Emotionalität als prädiktiv für die Entwicklung einer Störung (Epkins & Heckler, 2011). Das Zusammenspiel dieser Temperamentsfaktoren mit bestimmten Umweltfaktoren wie z. B. als gering wahrgenommene elterliche Unterstützung oder elterliche Psychopathologie trägt zusätzlich zum Entstehen depressiver und sozial ängstlicher Symptomatik bei. Darüber hinaus scheinen bestimmte genetische Grundlagen für die Entstehung von Angst und Depression übereinzustimmen (Epkins & Heckler, 2011). Neben den Überlegungen gemeinsamer Entwicklungsfaktoren für Angst und Depression ist aufgrund der aufeinanderfolgenden Entstehung von zunächst Sozialer Angststörung und im Anschluss Depression eine generelle Vulnerabilität für Angst aus Temperaments-, biologischen und Umweltfaktoren denkbar, aus welcher sich bei fehlender Behandlung schließlich eine depressive Episode entwickelt (Cummings et al., 2014). Ein kognitiver Erklärungsversuch beschreibt die Rumination als ausschlaggebenden Faktor: Aufgrund der Sozialen Angststörung tendieren Patient*innen zu einem negativen Fokus in ihren Gedanken an die soziale Situation. Die Rumination wiederum ist ein Risikofaktor für die Entwicklung einer depressiven Störung (Nolen-Hoeksema, 2000). Ein weiteres Modell beschreibt die Entwicklung der depressiven Symptomatik, indem aufgrund des starken Rückzugverhaltens keine positiven sozialen Verstärker mehr vorliegen und sich somit eine depressive Symptomatik entwickelt (Cummings et al., 2014). Je länger eine Angststörung im Allgemeinen anhält, desto wahrscheinlicher wird insbesondere die Komorbidität mit einer depressiven Erkrankung (In-Albon, 2011). Bei Vorliegen von beiden Erkrankungen verstärkt die depressive Symptomatik kognitive Verzerrungen, die der Sozialen Angststörung angehören, wie z. B. negative Grundannahmen über die eigene Person aufgrund von als negativ wahrgenommenen sozialen Ereignissen (Cummings et al., 2014). Neben vorliegenden Risikofaktoren wie z. B. einer negativen Affektivität wird der Umgang mit ambivalenten oder negativen Situationen als relevant für eine Störung betrachtet. Dieses sogenannte *Coping* stellt oft einen moderierenden Faktor dar (Epkins & Heckler, 2011), d. h. ein hoher negativer Affekt kann durch funktionale Copingstrategien ausgeglichen werden und somit keine ängstlichen oder depressiven Symptome mit sich bringen, während dysfunktionale Copingstrategien das Risiko für die Entwicklung einer Depression oder Sozialen Angststörung erhöhen. Bei der Betrachtung von Copingstrategien zeigen sich Unterschiede zwischen primär ängstlichen und primär depressiven Kindern (siehe Forschung; Wright, Banerjee, Hoek, Rieffe & Novin, 2010).

Forschung

In einer nicht klinischen Stichprobe (Wright et al., 2010) berichteten Kinder zwischen 8 und 11 Jahren über Symptome sozialer Angst und Depression sowie über Coping-Strategien zu zwei Messzeitpunkten. Die Copingstrategien wurden bezogen auf einen sozialen Stressor erhoben (»Stell dir vor, ein anderes Kind wäre gemein zu dir und würde dich beschimpfen oder schlagen und treten. Was würdest du tun?«). Erhöhte depressive Symptome zeigten sich zusammenhängend mit weniger Problemlösestrategien, weniger Suche nach sozialer Unterstützung, weniger Ablenkung und erhöhter Externalisierung (z. B. Schreien oder Werfen von Gegenständen). Soziale Angst hingegen war assoziiert mit erhöhter Suche nach sozialer Unterstützung, Ablenkung und Internalisierung (z. B. Sorgen oder Selbstmitleid). Soziale Angst und depressive Symptome sagten negative Copingstrategien zum zweiten Messzeitpunkt neun Monate später vorher. Individuelle Copingstrategien konnten jedoch spätere Depression und/oder Angststörung nicht vorhersagen. In der klinischen Anwendung sollten somit Copingstrategien genau exploriert werden, da diese transdiagnostisch abweichen können.

3.1.4 Suchterkrankungen

Auch wenn Suchterkrankungen im Kindesalter noch keine größere Rolle spielen, werden diese bei unbehandelter Sozialer Angststörung im Jugend- und Erwachsenenalter höchst relevant: Im (jungen) Erwachsenenalter folgt der Sozialen Angststörung häufig ein missbräuchlicher Konsum von Alkohol (19–28 %, Ham, Bonin & Hope, 2007). Eine große epidemiologische Studie aus den USA (Grant et al., 2005) berichtet, dass mit einer Sozialen Angststörung (Lebenszeit) in 48,2 % der Fälle eine Alkoholabhängigkeit, in 22,3 % Drogenmissbrauch und in 33 % eine Nikotinabhängigkeit einhergeht. Im Verlauf von Jugend und frühem Erwachsenenalter mehren sich neue soziale Situationen, die es zu meistern gilt; Alkohol wird dabei als einfach verfügbare Methode gesehen, Gefühle von Angst zu bewältigen (Ham et al., 2007). Obgleich diese Argumentation logisch einleuchtend erscheint, deuten andere Studien darauf hin, dass erhöhte soziale Angst mit geringerem Alkoholkonsum einhergeht (Lewis et al., 2008) und sozial ängstliche Personen nach Alkoholkonsum z. B. negativere Konsequenzen erleben. Somit stellt die Soziale Angststörung wahrscheinlich einen Risikofaktor für einen schädlichen Umgang mit Substanzen dar.

> **Merke: Unterschiede Suchterkrankungen und Soziale Angststörung**
>
> Bei einer reinen Abhängigkeitsstörung wird die Substanz nicht nur in sozialen Situationen konsumiert.

3.2 Differenzialdiagnostik

Direkt zu Beginn der Diagnostik stellt sich die Frage der differenzialdiagnostischen Abklärung. Gerade weil eine hohe Komorbidität besteht und einzelne Symptome zu verschiedenen (Angst-)Erkrankungen gehören, ist eine genaue Anamnese der Symptomatik sinnvoll. Berichtet ein Kind beispielsweise insbesondere die Angst vor dem Schulbesuch und die Vermeidung dessen, wäre basierend auf ICD-10 (WHO, 1994) und DSM-5 (APA, 2013) die Spezifische Phobie (Vermeidung der Schule aus Angst vor Prüfungen), eine Emotionale Störung mit Trennungsängstlichkeit (Vermeidung der Schule aus Angst vor Trennung von den Eltern), eine Generalisierte Angststörung (GAS; Vermeidung der Schule aufgrund verschiedener Ängste, z. B. soziale Ängste, Leistungsängste etc.) oder auch soziale Schwierigkeiten (Vermeidung der Schule z. B. aufgrund von Bullying) abzuklären. Generell gilt, dass die Diagnosen selbstverständlich auch parallel vorliegen und sich gegenseitig negativ beeinflussen können (▶ Kap. 3.1, *Komorbidität*).

3.2.1 Generalisierte Angststörung

Die Generalisierte Angststörung umfasst anhaltende Ängste, Anspannung, Befürchtungen und Sorgen in Bezug auf alltägliche Ereignisse in verschiedenen Bereichen (z. B. Schule, Familie, Weltgeschehen) mit einer vegetativen Angstreaktion über einen Zeitraum von sechs Monaten. Im Rahmen der Generalisierten Angststörung treten neben Sorgen im Alltag (z. B. Verspätungen), dem Weltgeschehen, dem eigenen Wohlbefinden und der Gesundheit der Familie ebenfalls häufig Ängste in sozialen Situationen und im Leistungsbereich auf, sodass eine genaue diagnostische Abklärung notwendig ist. Die Generalisierte Angststörung umfasst jedoch auch starke Ängste in anderen Bereichen, die eher als »frei flottierend« gelten, d. h. die Ängste wechseln sprunghaft zwischen verschiedenen Inhaltsbereichen (WHO, 1994). Die Generalisierte Angststörung beinhaltet zudem diagnostisch keine explizite Vermeidungskomponente, d. h. Situationen werden dennoch aufgesucht, auch wenn sie angstbesetzt sind. Ähnlichkeiten bestehen im kognitiven Charakter der Generalisierten und der Sozialen Angststörung: Patient*innen tendieren jeweils zum Katastrophisieren und zur Erwartung des »worst case« in einer Situation. Patient*innen mit Generalisierter Angststörung springen dabei oft von einer kleinen Sorge direkt zu einer Katastrophenannahme im Sinne einer Sorgenkette (▶ Abb. 3.1).

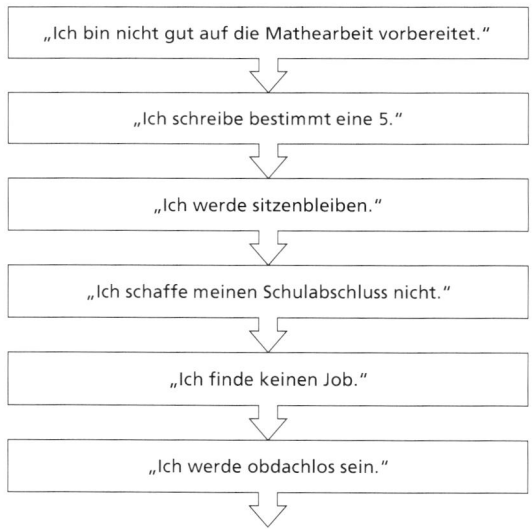

Abb. 3.1: Sorgenkette inklusive möglicher Zwischenschritte.

Patient*innen mit einer Sozialen Angststörung bleiben dabei eher im Hier und Jetzt und nehmen für die konkrete Situation das Schlimmste an (z. B. »Ich werde mich beim Referat versprechen, alle werden mich auslachen«).

Obgleich soziale und generalisierte Ängste häufig parallel vorliegen (▶ Kap. 3.1.1), ist nach ICD-10 keine gemeinsame Vergabe der Störungsbilder möglich. Hier sollte abgewogen werden, ob die soziale Angst die zentrale Angst ist und andere Ängste eher passager auftreten.

> **Hinweise und Fragen zur Differenzialdiagnostik der Generalisierten Angststörung**
>
> *Bei der Abklärung der Differenzialdiagnostik sind folgende Fragen relevant (wenn Antwort bejaht, Diagnose der Generalisierten Angststörung andenken):*
>
> 1. Liegen weitere ausgeprägte Ängste vor? Sind diese ähnlich stark wie die sozialen Ängste?
> *Bei mehreren, ähnlich stark ausgeprägten Ängsten, die eher »frei flottierend« berichtet werden (z. B. eine Zeit lang Angst vor Prüfungen, abends immer wieder Angst, dass den Eltern etwas passiert, auf Berichte in den Medien hin Angst vor Kriegen oder Naturkatastrophen etc.).*
> 2. Wird eine ausgeprägte körperliche Angstreaktion berichtet?
> *Mindestens vier vegetative, atembezogene, psychische, Anspannungs- und/oder allgemeine Symptome müssen für die Diagnose einer Generalisierten Angststörung nach ICD-10 vorliegen. Körperliche Symptome sind in der Regel stärker ausgeprägt (Szafranski et al., 2014). Zur besseren differenzialdiagnostischen Abklärung innerhalb der Angststörungen ist ein strukturiertes klinisches Interview (▶ Kap. 4) sinnvoll.*

3.2.2 Tiefgreifende Entwicklungsstörungen: Autismus-Spektrum-Störungen

Autismus-Spektrum-Störungen (ASS) wurden im Rahmen der Neuentwicklung des DSM-5 (APA, 2013) überarbeitet, sodass im Folgenden von dieser Klassifikation statt der des ICD-10 (WHO, 1994) ausgegangen wird. Für die ICD-11 wird eine ähnliche Überarbeitung erwartet. Die Symptomatik der ASS zeichnet sich aus durch qualitative Einschränkungen der sozialen Interaktion und Kommunikation (z. B. keine wechselseitige Kommunikation, eingeschränkte Gestik und Mimik, wenig Blickkontakt) sowie restriktive, repetitive Verhaltensweisen, Interessen oder Aktivitäten (z. B. Händeflattern, Echolalie, starke Bindung an Objekte, Spezialinteressen). Die Symptome bestehen in der Regel bereits seit der frühen Kindheit und gehen bei höherem Schweregrad meist mit einer (teilweise starken) intellektuellen Beeinträchtigung einher (APA, 2013). In der Differenzialdiagnostik können insbesondere Schwierigkeiten in der Abgrenzung der Sozialen Angststörung von der ASS vom Schweregrad 1 (ehemals hochfunktional) entstehen. Bei geringerem Schweregrad liegt die kognitive Gesamtbegabung meist im normalen Bereich und Kinder imponieren eher mit Auffälligkeiten in der Interaktion, Kommunikation und speziellen Interessen. Kinder mit Sozialer Angststörung wirken jedoch ebenfalls im sozialen Kontakt oft ungeschickt, halten wenig Blickkontakt und zeigen scheinbar wenig Interesse am Gegenüber zu haben (Towbin, Pradella, Gorrindo, Pine & Leibenluft, 2005). Differenzialdiagnostisch muss daher geprüft werden, ob Spezialinteressen vorliegen, wie lange die Schwierigkeiten schon bestehen sowie ob generell ein Kompetenzdefizit in der sozialen Interaktion vorliegt. Kinder mit Sozialer Angststörung zeigen im Kontakt in der Regel eher ein Performanzdefizit, d. h. in vertrauten Kontakten verhalten sie sich durchaus sozial kompetent. Beachtet werden sollte jedoch, dass auch Kinder mit ASS häufig von sozialen Ängsten berichten (White, Oswald, Ollendick & Scahill, 2009), da sie wissen, dass sie »anders« wirken und häufig negatives Feedback erhalten. Es muss somit geklärt werden, ob gegebenenfalls beide Störungsbilder vorliegen.

> **Hinweise und Fragen zur Differenzialdiagnostik der Autismus-Spektrum-Störung**
>
> *In der Abklärung zur Differenzialdiagnostik sind folgende Fragen relevant (wenn Antwort bejaht, Diagnose Autismus-Spektrum-Störung in Betracht ziehen):*
>
> 1. Werden auch vertraute Personen eher gemieden?
>   *Kinder und Jugendliche mit Autismus-Spektrums-Störung zeigen sich auch im Kontakt mit vertrauten Personen gehemmt.*
> 2. Wird kein Wunsch zu verstärktem Kontakt mit anderen Kindern oder Jugendlichen geäußert?
>   *Kinder und Jugendliche mit Autismus haben oft primär wenig Interesse an Kontakt. Der soziale Rückzug wird somit eher unproblematisch eingestuft.*
> 3. Bestehen weitere Auffälligkeiten wie Spezialinteressen, Stereotypien oder eine Intelligenzminderung?
>   *Kinder und Jugendliche mit Autismus-Spektrum-Störung zeigen in der Regel Defizite bzw. Auffälligkeiten in den Bereichen der sozialen Kommunikation und Interaktion sowie repetitive Verhaltensweisen, Interessen und Aktivitäten.*

3.2.3 Schulabsentismus

Die Soziale Angststörung wird häufig insbesondere in der Schule sehr offensichtlich, da betroffene Kinder Schwierigkeiten berichten, sich zu melden, auf andere Kinder zuzugehen oder Lehrkräfte um Rat zu bitten. Dies kann dazu führen, dass die Kinder den Schulbesuch verweigern im Sinne eines Schulabsentismus. Dieser verhaltensbezogene Terminus kann jedoch verschiedene Ursachen haben: Je nach Alter kann dieses Fernbleiben der Schule unterschiedlich begründet sein, etwa durch Trennungsangst, eine Generalisierte Angststörung, eine depressive Episode oder auch eine Störung des Sozialverhaltens (Inglés, Gonzalvez-Macia, Garcia-Fernandez, Vicent & Martinez-Monteagudo, 2015). Da die Symptomatik keine eigene Verschlüsselung im ICD-10 oder DSM-5 innehat, ist die differenzialdiagnostische Abklärung insbesondere für die Diagnosestellung allgemein sowie für die Behandlung notwendig.

> **Hinweise und Fragen zur Differenzialdiagnostik Schulabsentismus**
>
> *Bei der Differenzialdiagnostik sind folgende Fragen relevant (wenn Antwort bejaht, andere Störung als Soziale Angststörung in Betracht ziehen):*
>
> 1. Ist der Schulabsentismus durch andere Ursachen als Angst (z. B. fehlender Antrieb, oppositionelles Verhalten) begründet?
> 2. Sind soziale Aktivitäten außerhalb der Schule (z. B. Vereinsaktivität, Hobbies) problemlos möglich?

3.2.4 Organische Erkrankungen

Insbesondere jüngere Kinder berichten oft von Bauch- und Kopfschmerzen, wenn sie eine angstbesetzte Situation aufsuchen sollen (Van Roy, Kristensen, Groholt & Clench-Aas, 2009). Diese Symptome können sowohl als Symptom der Angst auftreten im Sinne einer körperlichen Reaktion wie auch als Vermeidungsstrategie. Da die Möglichkeit besteht, dass eine körperliche Ursache für die Schmerzen vorliegt bzw. die Angst die körperliche Symptomatik verstärkt, ist eine somatische Abklärung beim Kinderarzt/bei der Kinderärztin immer indiziert.

3.2.5 Soziale Umstände

Soziale Belastungen wie Bullyingerfahrungen oder Auseinandersetzungen mit einzelnen Lehrkräften können zu Rückzug und Ängsten führen (z. B. Dill, Vernberg, Fonagy, Twemlow & Gamm, 2004), sodass Kinder scheinbar die Symptomatik einer Sozialen Angststörung zeigen. Ein entscheidender Faktor für die Erklärung als eine eher krisenhafte und passagere Angst wäre eine Verringerung der Angst, sobald die Umstände verändert werden (z. B. durch einen Schulwechsel). Dennoch ist nicht zu unterschätzen, dass solche Belastungen Auslöser für die Soziale Angststörung sein können. In diesem Fall wäre die Belastung ein prädisponierender Faktor, infolgedessen die Soziale Angststörung trotz Wechsel der äußeren Situation fortbesteht.

> **Dos and Don'ts bzgl. der Differenzialdiagnostik der Sozialen Angststörung**
>
> Unbedingt/sinnvoll...
>
> - ... Kontakt zur Schule oder zum Kindergarten aufnehmen
> - ... Abklärung körperlicher Symptomatik bei Kinderarzt*in
> - ... Überprüfung primärer vs. sekundärer Diagnosen

- ... Einbezug mehrerer Informant*innen (Kind, Eltern, Schule/Kindergarten)
- ... Verwendung reliabler und valider Instrumente zur Überprüfung der Diagnosen (Interviews und Fragebögen; ▶ Kap. 4)

Auf gar keinen Fall bzw. nur bedingt sinnvoll...

- ... Diagnose aufgrund der Umstände (z. B. schwierige Schulsituation) nicht vergeben.
- ... mehrere (>2) Angststörungsdiagnosen parallel vergeben. In diesem Fall ist insbesondere bei Diagnosestellung nach ICD-10 die Diagnose Generalisierte Angststörung genau zu prüfen. In der Indikation und Behandlung kann sich gegebenenfalls eine Trennung in verschiedene Störungsbilder empfehlen.
- ... Diagnosestellung allein aufgrund des klinischen Eindrucks.

3.3 Überprüfung der Lernziele

- Welche Störung liegt bei der Sozialen Angststörung besonders häufig komorbid vor?
- Wie kann das Vorliegen der Sozialen Angststörung parallel zur Depression erklärt werden?
- Wie kann die Soziale Angststörung in der Differenzialdiagnostik von anderen Angststörungen abgegrenzt werden?

4 Diagnostik

Fallbeispiel

Die 13-jährige Leonie absolviert in der Hochschulambulanz eine psychologische Diagnostik aufgrund des Verdachts auf das Vorliegen einer Sozialen Angststörung. Im Erstgespräch ist Leonie deutlich verschlossen und blickt sich hilfesuchend zu ihrer Mutter um, als der Therapeut ihr Fragen nach ihrer aktuellen Symptomatik stellt. Leonies Mutter versucht ihrer Tochter zu helfen und übernimmt teilweise das Antworten für sie. Der Therapeut fordert Leonie zunehmend auf, die Antworten auf ihre Fragen selbst zu geben, was Leonie besonders dann gelingt, wenn der Therapeut ihr verschiede Antwortalternativen anbietet. Da schlechte schulische Leistungen insbesondere seit dem Wechsel auf die weiterführende Schule berichtet werden, wird mit Leonie eine ausführliche Leistungsdiagnostik durchgeführt, welche jedoch den Verdacht auf eine kognitive Überforderung nicht bestätigt. Vielmehr zeigen sich sowohl im Selbst- als auch im Fremdbericht (Eltern- und Lehrkrafturteil) in der CBCL Hinweise auf klinisch-relevante Symptome im internalisierenden Spektrum. Im Selbsturteil zeigt der SPAIK Fragebogen soziale Ängste oberhalb des klinischen Cut-offs, der PHOKI Fragebogen zeigt keine Hinweise auf Ängste in anderen Bereichen. Für eine ausführliche diagnostische Abklärung wird in der Hochschulambulanz ein ausführliches diagnostisches Interview (Kinder-DIPS) mit Leonie und ihrer Mutter durchgeführt. Während Leonies Mutter Schwierigkeiten hat, mögliche soziale Ängste und sozialängstliche Kognitionen ihrer Tochter genau einzuschätzen, äußert Leonie im Interview deutliche Ängste in schulischen Leistungssituationen und ausgeprägtes Vermeidungsverhalten. Neben dem schulischen Bereich gibt Leonie Ängste vor unbekannten Gleichaltrigen und Gesprächen mit Autoritäten an. In der Indikationssitzung der Hochschulambulanz wird auf Grundlage der vorliegenden Befunde bei Leonie eine Soziale Angststörung diagnostiziert.

Lernziele

- Sie wissen, welche diagnostischen Verfahren bei der Sozialen Angststörung im Kindes- und Jugendalter eingesetzt werden sollten.
- Sie können die therapeutische Beziehung während der Diagnostik gestalten.
- Sie wissen, wie Sie mit Unterschieden in diagnostischen Angaben zwischen Kindern, Eltern und Lehrkräften umgehen sollten.

- Sie können diagnostische Ergebnisse an Kinder, Jugendliche, Eltern und Lehrkräfte zurückmelden.

4.1 Ziele und Struktur des diagnostischen Prozesses

Im diagnostischen Prozess bei Kindern und Jugendlichen sind verschiedene Ziele zu beachten. Auf der einen Seite sollte in der Diagnostik ein Gesamtüberblick über die vorliegende Symptomatik gewonnen werden. Wichtige Fragen sind hier unter anderem, ob eine klinische bedeutsame Störung im Sinne einer Sozialen Angststörung vorliegt, welche komorbiden Störungen existieren und welche differenzialdiagnostischen Überlegungen in Betracht gezogen werden müssen. Da Kinder und Jugendliche mit starken sozialen Ängsten auch gegebenenfalls starke Angst vor behandelnden Therapeut*innen haben, ist der diagnostische Prozess auch ein wichtiger Startpunkt im Beziehungsaufbau. Im Sinne der multimodalen Verhaltens- und Psychodiagnostik (Döpfner & Görtz-Dorten, 2010) ist das Ziel der Diagnostik, die Symptomatik der Sozialen Angststörung auf allen intraindividuellen Ebenen wie Kognitionen (z. B. konkrete Befürchtungen während sozialer Situationen), Emotionen (z. B. Stärke der Angst und Unterschiede zwischen verschiedenen sozialen Situationen), physiologischen Symptomen (z. B. Herzklopfen oder Schwitzen) und Handlungen (z. B. Vermeidung von sozialen Situationen) zu beschreiben. Weiterhin sollte die Diagnostik Aussagen über alle wichtigen Lebensbereiche von Kindern und Jugendlichen wie Familie, schulisches Umfeld, Freizeit und Gleichaltrige erlauben. Für die Gewinnung der notwendigen Informationen ist besonders im Kindes- und Jugendalter eine multimodale Diagnostik und die Einbeziehung von verschiedenen Quellen notwendig, wie das klinische Urteil, das Selbsturteil der Kinder und Jugendlichen, das Elternurteil und die Einschätzung von Lehrkräften. Da ein Hauptsymptom der Sozialen Angststörung die kognitive Angst vor negativer Bewertung durch andere Personen ist und diese Symptomatik oft hauptsächlich im Schulkontext auftritt (Beidel et al., 1999), sind soziale Ängste für Eltern oft schwer einzuschätzen. Dennoch ist neben dem Selbsturteil auch die Erfassung von Außenperspektiven wichtig, da jüngere Kinder Schwierigkeiten haben können, die eigenen Ängste und andere Symptome wahrzunehmen und zu äußern. Jüngere Kinder äußern oft nur auf der Verhaltensebene Schwierigkeiten (z. B. »Ich möchte nicht in die Schule gehen«). Zudem kann erschwerend hinzukommen, dass Kinder und Jugendliche soziale Ängste verleugnen, meist weil diese als peinlich wahrgenommen werden oder weil Ängste in Bezug auf eine therapeutische Behandlung vorliegen. Neben dem Ziel der Klassifikation sollten die gewonnenen Informationen aus dem Prozess der Diagnostik auch zur Behandlungsplanung und zum Festlegen von Therapiezielen genutzt werden (z. B. wenn soziale Ängste mit starkem Vermeidungsverhalten im Schulunterricht einhergehen sollte der Abbau dieses Verhaltens ein Ziel sein).

4.2 Erstgespräch und Anamnese

4.2.1 Das Erstgespräch als angstbesetzte Situation

Anders als im Erwachsenenalter kommt es erst beim Erstgespräch und nicht bei der telefonischen Anmeldung mit Kindern und Jugendlichen zum ersten direkten Kontakt zwischen Therapeut*innen und Kindern bzw. den Jugendlichen. Selten suchen minderjährige Patient*innen den telefonischen Erstkontakt selbst. Besonders bei der Sozialen Angststörung müssen verschiedene Aspekte für diese Phase des Kennenlernens und der Exploration des Patienten*in beachtet werden. Therapeut*innen sollten sich vergegenwärtigen, dass sie selbst für das Kind oder den Jugendlichen eine unbekannte Person sind und damit zu Beginn der Psychotherapie im Fokus der Ängste der Kinder und Jugendlichen stehen können. In vielen Fällen fürchten sich Patient*innen beim ersten therapeutischen Kontakt davor, sich vor dem*der Therapeuten*in zu blamieren oder sich peinlich zu verhalten, da diese für sie Personen mit einer besonderen Autorität darstellen. Bei jüngeren Kindern im Vor- oder Grundschulalter kann dies zu einer massiven Verweigerung für das Erstgespräch führen, ältere Kinder und Jugendliche sind häufig nervös und sehr aufgeregt sowie in ihren Schilderungen oft unsicher oder geben eher kurze Antworten. Wenn Eltern im Erstgespräch mit anwesend sind, kommt es häufig vor, dass Patient*innen ihre Eltern für sich antworten lassen. Im Erstkontakt sollte besonders darauf geachtet werden, eine offene und positive Atmosphäre zu schaffen und nicht das Vermeidungsverhalten der Patient*innen zu verstärken (z. B. Kinder/Jugendliche selbst Antworten geben lassen). Neben den Schwierigkeiten, die sich im Erstkontakt mit sozialängstlichen Patient*innen ergeben können, ist der Erstkontakt aber auch ein wertvolles diagnostisches Setting, welches zur Verhaltensbeobachtung der Symptomatik genutzt werden kann. Dies umfasst ebenso die Beobachtung von wichtigen aufrechterhaltenden Faktoren wie die elterliche Unterstützung von Vermeidungsverhalten.

Um starken sozialen Ängsten im Erstkontakt zu begegnen, können verschiedene Techniken genutzt werden (▶ Tab. 4.1). Grundsätzlich ist davon auszugehen, dass soziale Ängste der Kinder und Jugendlichen mit zunehmender Dauer von selbst abnehmen und habituieren, unter anderem basierend auf der Erfahrung, dass der*die Therapeut*in durchweg offen und positiv auf das Kind bzw. den*die Jugendliche*n reagiert. Dies kann insbesondere bei einer Verweigerung von jüngeren Kindern hilfreich sein, sodass zu Beginn eine längere Spielphase gemeinsam mit den Eltern genutzt werden kann, bis die Angst der Kinder abnimmt. Weiterhin bietet es sich an, im Gespräch mit positiven oder neutralen Themen zu beginnen, da diese für die Kinder und Jugendlichen im Gegensatz zur Angstsymptomatik weniger angst- und schambesetzt sind und sie daher nicht so sehr fürchten sich zu blamieren. In der Gesprächsführung sollten Therapeut*innen viel Wert darauf legen, die Antworten und Schilderungen der Kinder positiv zu paraphrasieren und die Patient*innen darin zu bestärken, dass ihre Antworten nicht dumm oder peinlich sind. Weiterhin sollte eine eher langsame Gesprächsführung gewählt werden und ein investigatives Ausfragen (z. B. schnell viele Themen hintereinander abfragen) vermieden werden. Bei mutistischem Verhalten von jüngeren Kindern, welche Schwierigkeiten haben, auf offene Fragen zu antworten, kann den Kindern das Antworten durch das Anbieten von verschiedenen Antwortalternativen erleichtert werden. Jedoch muss auch hier darauf geachtet werden, Fragen nicht zu suggestiv zu stellen.

Tab. 4.1: Therapeutische Techniken bei Angstverhalten im Erstgespräch

Angstverhalten im Erstgespräch von Kindern und Jugendlichen mit starken sozialen Ängsten	Therapeutisches Verhalten im Erstkontakt
• Verweigerung des Gesprächs aufgrund sozialer Ängste (z. B. Weinen, Anklammern an die Eltern, Weigerung das Behandlungszimmer allein zu betreten). • Mutistisches Verhalten und deutliche Unsicherheit und Überforderung insbesondere auf offene Fragen zu antworten (z. B.: »Warum bist du heute hier?«). • Deutliche körperliche Angstreaktion im Erstgespräch wie Vermeidung von Blickkontakt, Zittern oder Erröten. • Dissimulation oder Herunterspielen von sozialen Ängsten, da diese den Kindern und Jugendlichen peinlich sind bzw. therapeutische Behandlung vermieden werden möchte. • Anwesende Eltern in die Beantwortung von Fragen einbeziehen (z. B. hilfesuchender Blickkontakt) oder Eltern die Fragen beantworten lassen.	• Längere Aufwärmphase (ca. 20 Minuten) zu Beginn des Gesprächs mit gemeinsamem Spiel (ggf. unter Anwesenheit der Eltern) ermöglichen, bis soziale Ängste habituiert sind. • Fragen nach positiven Themen und Interessen des Kindes oder Jugendlichen (z. B. Hobbies, Freizeitaktivitäten, Lieblingstiere, letzter Geburtstag oder letzter Urlaub). • Unsicherheit des Patient*innen im Gespräch nicht direkt ansprechen, da dies als besonders peinlich bewertet wird (z. B.: »Ich merke, du bist gerade sehr aufgeregt«). • Echtes Interesse zeigen, positive Rückmeldung geben und Antworten der Patient*innen paraphrasieren. • Vermeidungsverhalten möglichst wenig verstärken oder aufgreifen (z. B. Kind oder Jugendlichen darin bestärken, Antworten selbst zu geben und nicht durch die Eltern antworten zu lassen). • Geschlossene Fragen stellen, Antwortalternativen anbieten (z. B.: »In deiner Freizeit, machst du da lieber Dinge drinnen oder draußen?«).

Studienexkurs: Loben, loben, loben – oder doch nicht?

In einer Studie von Nikolic und Kolleg*innen (Nikolic, Brummelman, Colonnesi, de Vente & Bögels, 2018) wurde der Effekt von Lob nach einer sozialen Leistungsaufgabe in einer Stichprobe von sozialängstlichen Kindern im Alter zwischen acht und 12 Jahren untersucht. Insgesamt nahmen 105 Kinder an dieser Untersuchung teil. Nach dem Vorsingen eines Kinderliedes vor einem Publikum erhielten die teilnehmenden Kinder entweder kein Lob, angemessenes Lob oder überzogenes Lob. Es zeigte sich, dass in der Bedingung von überzogenem Lob sozialängstliche Kinder mit einer stärkeren physiologischen und subjektiven Errötungsreaktion reagierten als in den anderen Bedingungen. Die Autor*innen schlussfolgern, dass starkes Lob für sozialängstliche Kinder unangenehm sein könnte, da eine sehr gute Leistung nicht mit dem negativen Selbstkonzept der Kinder übereinstimmt. Dass eine positive Bewertung durch andere Personen besonders für Menschen mit einer Sozialen Angststörung unangenehm ist, konnte auch bereits an Studien im Erwachsenenalter gezeigt werden (Reichenberger & Blechert, 2018). Für die therapeutische Haltung innerhalb der psychologischen Diagnostik kann dies bedeuten, dass Therapeut*innen vorsichtig mit starkem und übertriebenem Lob sein sollten bzw. eine neutrale Haltung dem Kind gegenüber in manchen Fällen hilfreich sein kann.

4.2.2 Anamnese, Makroanalyse und wichtige Unterlagen im diagnostischen Prozess

In der Anamnese soll die Entwicklungsgeschichte des*der Patient*in inklusive der Störungsentwicklung erfasst werden. Im Hinblick auf einen möglichen Antrag zur Psychotherapie sollten in der Anamnese Informationen erfragt werden, welche die Formulierung eines individuellen Modells zur Störungsentwicklung (Makroanalyse) ermöglichen. Wichtige Meilensteine der Entwicklung, welche in der Regel mit den Eltern im Gespräch erfasst werden, sind Verlauf der Schwangerschaft, Geburt, sowie Entwicklung im ersten Lebensjahr. Weiterhin ist wichtig zu erfragen, wie die allgemeine motorische und sprachliche Entwicklung verlaufen ist und ob der*die Patient*in alle Meilensteine der Entwicklung zeitgerecht erreicht hat. Ergeben sich Hinweise auf mögliche Entwicklungsverzögerungen, sollten diese weiter exploriert werden. In der Regel sind diese auch im gelben U-Untersuchungsheft, welches zu den regelmäßigen Früherkennungsuntersuchungen von den Kinderarztpraxen ausgefüllt wird, dokumentiert. Solche Entwicklungsverzögerungen können für das Verständnis der Störungsentwicklung relevant sein, da diese Kinder oft die Erfahrung machen, in bestimmten Bereichen schlechter zu sein als andere gleichaltrige Kinder oder auch von anderen Kindern beispielsweise für Sprachfehler oder motorische Entwicklungsverzögerungen ausgegrenzt zu werden (Knox & Conti-Ramsden, 2003). Falls umschriebene Entwicklungsstörungen sprachlicher, motorischer oder schulischer Fertigkeiten weiterhin bestehen, sollte eine entsprechende zusätzliche Behandlung im Rahmen einer Ergotherapie oder Logopädie erörtert werden. Neben möglichen Entwicklungsverzögerungen sollte in der Anamnese besonderer Wert darauf gelegt werden, wie sich der*die Patient*in in der Entwicklungsgeschichte in neuen und unbekannten

Kontexten bzw. mit Gleichaltrigen verhalten hat. Wie bereits in vorherigen Abschnitten ausgeführt, geht die Soziale Angststörung häufig mit einem inhibierten Temperament (▶ Kap. 1, *Behavioral Inhibition*) einher, welches sich bereits in der frühen Kindheit in Angst in neuen Situationen, Angst vor Fremden und Anklammern zeigt. Kinder mit einer Sozialen Angststörung zeigen daher häufig auch im Kindergartenalter schüchternes Verhalten mit Gleichaltrigen z. B. Angst, bei Gruppenspielen mitzuspielen, weniger Freundschaften und Angst vor unbekannten Erwachsenen. Bei Kindern und Jugendlichen im Schulalter sollte die Schullaufbahn erfragt werden und wann soziale Ängste das erste Mal im schulischen Bereich aufgetreten sind. Hier können auch besonders Schulzeugnisse aus den ersten Schuljahren eine wichtige Informationsquelle sein, da diese noch freie Textbeurteilungen enthalten und in der Regel auch das Interaktionsverhalten der Kinder umfassen. Weitere wichtige Informationen betreffen psychotherapeutische oder psychiatrische Vorbehandlungen mit Angaben zur Häufigkeit, Dauer, Art und einer Einschätzung, inwieweit die Behandlung erfolgreich war.

> **Ereignisse und Entwicklungsphasen, in denen sich soziale Ängste im Kindes- und Jugendalter besonders zeigen können**
>
> - Kontakt mit fremden Kindern in der frühen Kindheit: z. B. Hemmung, auf andere Kinder zuzugehen oder Kontaktaufnahmen positiv zu beantworten, auf dem Spielplatz oder bei Besuch von dem Kind unbekannten anderen Personen zu Hause.
> - Beginn des Kindergartenbesuchs: langsame oder keine Kontaktaufnahme mit fremden Kindern und Erwachsenen; das Knüpfen erster Freundschaften gelingt nur sehr zögerlich.
> - Eintritt in das Schulsystem: Angst und Anspannung vor und während schulischer Leistungssituationen (z. B. schriftliche Klassenarbeiten und Präsentationen vor der Klasse).
> - Besuche bei anderen Kindern und Jugendlichen zu Hause: insbesondere Angst und Verweigerung, wenn das Kind oder der Jugendliche erwartet, dass viele unbekannte Gleichaltrige anwesend sind.
> - Freizeitgestaltung im späten Kindesalter und im Jugendalter: z. B. Vermeidung des Besuchs von Sport- oder Musikgruppen, wenig Initiierung von neuen Freundschaften und sozialer Rückzug in der Freizeit.

Neben der kindbezogenen Anamnese ist auch die Erfassung des familiären Umfeldes und von Elternvariablen wichtig. Studien zeigen, dass Eltern von Kindern mit Sozialer Angststörung häufig selbst unter starken sozialen Ängsten leiden. Eine erhöhte elterliche Ängstlichkeit kann im Sinne des individuellen Störungsmodells Hinweise auf genetische Einflüsse geben. Auf der anderen Seite sollte in der Anamnese auch nach ungünstigen elterlichen Verhaltensweisen im Zusammenhang mit kindlichen Ängsten gefragt werden, wie ausgeprägter Überbehütung oder bestrafendem Verhalten (Asbrand et al., 2017).

> **Wichtige Unterlagen für den Diagnostischen Prozess**
>
> - schriftliches Einverständnis zur Durchführung der Diagnostik und Behandlung von beiden Elternteilen sofern gemeinsames Sorgerecht vorliegt
> - Dokumentationsheft der Früherkennungsuntersuchungen (gelbes U-Heft)
> - mögliche Kindergartenberichte, Grundschulzeugnisse und aktuelle Zeugnisse, Berichte von möglichen Vorbehandlungen
> - Schweigepflichtentbindung gegenüber möglichen Vorbehandler*innen, Erzieher*innen, Lehrpersonen und Erlaubnis zum Einholen von diagnostischen Vorbefunden (z. B. IQ-Tests)

4.2.3 Mikro- und Situationsanalyse

Neben dem individuellen Modell zur Störungsentwicklung (Makroanalyse) sollten in der Diagnostik auch Informationen erfragt werden, welche die Formulierung einer Verhaltensgleichung bzw. einer verhaltenstherapeutischen Situationsanalyse entsprechend des SORKC Modells nach Kanfer und Saslow (1976) erlauben. Im SORKC Modell werden die Komponenten auslösende Situation (S), Organismusvariablen (O), Reaktion (R), Kontingenz (K) und Konsequenzen (C) erfasst. Über diese exemplarische Verhaltensbetrachtung in einer angstauslösenden Situation kann detailliert verstanden werden, wie die Angstreaktion in einer typischen sozialen Situation verläuft und welche Faktoren zur Aufrechterhaltung der Ängste beitragen. Im anamnestischen bzw. diagnostischen Gespräch ist es sinnvoll mit den Patient*innen und den Bezugspersonen eine typische Angstsituation herauszugreifen (z. B. das Kind soll sich nachmittags mit einem*einer Freund*in verabreden) und anhand des SORKC Modells durchzugehen.

Exemplarisches SORKC Modell für einen zehnjährigen Jungen mit Sozialer Angststörung

Situation (S): Der Patient kommt nachmittags aus der Schule und klagt über Langeweile. Die Mutter des Patienten fordert ihn auf, ein Kind aus seiner Schulklasse anzurufen, um sich zu verabreden.

Organismusvariablen (O): Lerngeschichtlich etablierter vermeidender Bewältigungsstil des Patienten; sozialängstlicher Denkstil; gehemmtes Temperament; mögliche genetische Disposition für die Entwicklung einer Angststörung; eingeschränkte soziale Kompetenzen

Reaktion (R) des Patienten:

- Kognition: »Ich traue mich nicht, der andere Junge will sich bestimmt nicht mit mir verabreden, weil er mich doof findet.«
- Emotion: Angst

- Physiologie: Herzklopfen; Schwitzen; Anspannung
- Verhalten: Weinen und Verweigerung das Telefonat zu führen; Einforderung, dass Mutter etwas mit ihm unternimmt.

Kontingenz (K): Die Konsequenzen auf das Problemverhalten (R) treten fast immer auf.

Konsequenzen (C):

- Negativ kurzfristig: Keine Aktivität mit Gleichaltrigen (C^+)
- Positiv kurzfristig: Vermeidung der angstauslösenden Situation und Angstabfall (C^-), Zuwendung durch Mutter mit positiver gemeinsamer Aktivität (C^+)
- Negativ langfristig: Generalisierung der sozialen Ängste (C^-); fehlender Aufbau von Freundschaften (C^-); fehlende soziale Kompetenzen im Umgang mit Gleichaltrigen (C^-)
- Positiv langfristig: leer

Ein wichtiger Unterschied in der Formulierung der Situationsanalyse mit Kindern und Jugendlichen im Gegensatz zu Erwachsenen ist einerseits die Erfragung von benötigten Informationen für die verschiedenen Ebenen des SORKC-Modells. Beispielsweise fällt es Kindern unter zehn Jahren häufig schwer, insbesondere ihre physiologischen Reaktionen, aber auch ihre Kognitionen zu benennen. Anbietende Fragen können es den Kindern erleichtern, auf diese Punkte Antworten zu geben (z. B.: »Denkst du dann ›Die anderen mögen mich nicht‹ oder ›Ich habe einfach keine Lust, mich zu melden‹ oder ›Ich werde das schon schaffen‹?«). Zudem kann auch die Befragung von Bezugspersonen hilfreich sein, da Kinder möglicherweise gegenüber ihren Eltern ihre Gedanken in den Problemsituationen formulieren oder physiologische Reaktionen beobachtet wurden. Ein weiterer Unterschied in der Formulierung der Verhaltensgleichung betrifft die Rolle von Bezugspersonen. Auf der einen Seite sind nicht selten Bezugspersonen in der auslösenden Situation involviert, z. B. durch Aufforderung, eine soziale Situation zu initiieren. Auf der anderen Seite spielen Bezugspersonen aber auch eine wichtige Rolle, was positive und negative Konsequenzen von Problemverhalten betrifft. Wie in dem oben aufgeführten Beispiel verstärken Bezugspersonen unbewusst häufig Vermeidungsverhalten über Zuwendung oder positive alternative Beschäftigungen. Dies ist auch im Hinblick auf die spätere Psychotherapie wichtig, da solche aufrechterhaltenden Verhaltensweisen von Bezugspersonen ebenfalls verändert werden müssen.

4.3 Diagnostikinstrumente

4.3.1 Fragebogenverfahren

Fragebogenverfahren stellen eine ökonomische Art der Erfassung von diagnostischen Daten im Kindes- und Jugendalter dar. Im Kindesalter muss darauf geachtet werden, dass die eingesetzten Fragebögen für jüngere Kinder verständlich und klinisch normiert sind. Selten sind Selbstberichtsverfahren in Fragebogenform für Kinder unter zehn Jahren geeignet – aufgrund eingeschränkter Lesefertigkeiten oder der Notwendigkeit, dass einzelne Fragen erläutert werden müssen. Für den Einsatz von Fragebogenverfahren im Rahmen der Diagnostik der Sozialen Angststörung muss zwischen verschiedenen Arten von Verfahren unterschieden werden. Auf der einen Seite sollte über sogenannte *Basisverfahren* ein Überblick über die gesamte Symptomatik der Patient*innen gewonnen werden. Diese Verfahren können zudem Informationen darüber geben, welche möglichen Komorbiditäten vorliegen oder welche differenzialdiagnostischen Überlegungen angestellt werden müssen (z. B. sind die sozialen Ängste möglicherweise im Rahmen einer depressiven Erkrankung zu sehen und nicht als Soziale Angststörung). Entsprechende Verfahren wie der Elternfragebogen über das Verhalten von Kindern und Jugendlichen (CBCL/6-18R; Döpfner, Plück, Kinnen & Arbeitsgruppe Deutsche Child Behavior Checklist, 2014) erfassen viele verschiedene Störungsbereiche, darunter internalisierende Symptome wie Ängste, Depression oder psychosomatische Beschwerden, aber auch externalisierende Symptomatik wie aggressives und hyperkinetisches Verhalten oder Aufmerksamkeitsprobleme. Zudem werden neben Problemverhalten auch Ressourcen und positive Eigenschaften der Kinder und Jugendlichen erfasst. Positiv an der CBCL ist, dass auch parallele Fragebögen für Kinder und Jugendliche (Youth Self Report; YSR) und für Lehrkräfte (TRF) enthalten sind. Ein weiteres Basisverfahren, welches im Rahmen von sozialen Ängsten eingesetzt werden kann, ist das Diagnostiksystem für Psychische Störungen nach ICD-10 und DSM-5 für Kinder und Jugendliche (DISYPS-III; Döpfner & Görtz-Dorten, 2017), welches als modulares System neben einem breiten Screeningfragebogen auch Vertiefungsinstrumente zu verschiedenen Störungsbereichen wie ADHS, Zwang, Traumafolgestörungen oder Depression enthält. Zudem sind Diagnosechecklisten enthalten, welche eine Diagnosestellung strukturieren. Das Basisverfahren ist sowohl für den Selbstbericht (ab elf Jahren) als auch für den Fremdbericht aus Eltern- und Lehrkraftperspektive verfügbar.

Neben den genannten Basisverfahren müssen zur Diagnostik der Sozialen Angststörung auch *störungsspezifische Verfahren* eingesetzt werden, welche soziale Ängste und andere Ängste erfassen. Ein normiertes Verfahren, welches aus kindlicher Perspektive verschiedene Ängste erfasst, ist beispielweise der neu normierte Angstfragebogen für Schüler (AFS; Wieczerkowski et al., 2016), welcher Ängste in verschiedenen Bereichen ab einem Alter von neun Jahren erfasst. Positiv fällt an diesem Fragebogen zudem auf, dass auch sozial erwünschtes Antwortverhalten abgebildet wird, welches bei sozialen Ängsten im Kindesalter eine verfälschende Rolle spielen kann. Ein weiteres normiertes Verfahren zur Erfassung von Ängsten in verschiedenen Bereichen ist der Phobiefragebogen für Kinder und Jugendliche (PHOKI; Döpfner, Schnabel, Goletz & Ollendick, 2006), in dem Kinder ab dem Alter von acht Jahren ihre Ängste selbst einschätzen können. Für jüngere Kinder im Kindergarten- und frühen Grundschulalter können Ängste, darunter auch soziale Ängste, mit dem Bochumer Angstverfahren für Kinder im Vorschul- und Grundschulalter (BAV 3–11; Mackowiak & Lengning, 2010) erfasst werden. In einem Interview werden Kindern Bilder von verschiedenen Situationen gezeigt, in denen ein anderes Kind mit einer potenziell gefährlichen Situation konfrontiert ist (z. B. ein großer Hund oder eine Gruppe von Kindern). Sowohl Angst, als auch Verhalten und physiologische Symptome werden erfasst. Zudem erlaubt das Verfahren eine Einordnung der Verhaltensweisen nach funktionaler und dysfunktionaler Emotionsregulation und beinhaltet auch ein zusätzliches Elterninterview.

Spezifisch für das Kindes- und Jugendalter liegt derzeit nur ein Selbstberichtsverfahren vor, welches die Symptomatik der Sozialen Angststörung umfassend erfasst und klinisch normiert ist. Das Sozialphobie und -angstinventar für Kinder (SPAIK; Melfsen, Florin & Warnke, 2001) erfasst sozialängstliche Kognitionen und Verhaltensweisen in verschiedenen Situationen und unter Berücksichtigung von verschiedenen Kontexten (z. B. Gleichaltrige oder Erwachsene). Positiv an diesem Verfahren ist weiterhin das Vorliegen eines klinischen Cut-off Wertes. Neben den dargestellten Verfahren existieren weitere Fragebogenverfahren, welche jedoch in der Regel nicht systematisch normiert sind oder überwiegend im Forschungskontext eingesetzt werden. Hier ist beispielsweise die häufig verwendete Social-Anxiety-Scale for Children (SASC-R-D; Melfsen & Florin, 1997) zu nennen, welche auch in einer Elternversion vorliegt.

Für die Erfassung sozialer Ängste im schulischen Kontext existiert die Lehrkraftversion des Elternfragebogens zu sozialen Ängsten im Kindes- und Jugendalter (L-ESAK; Stenzel, Krumm & Tuschen-Caffier, 2009). Im diagnostischen und therapeutischen Kontext können diese Fragebögen beispielsweise dafür genutzt werden, um mit Kindern, Jugendlichen oder Bezugspersonen über soziale Ängste ins Gespräch zu kommen, strukturiert Informationen über angstauslösende Situationen zu erfassen oder eine Symptomveränderung über den therapeutischen Prozess hinweg zu evaluieren (▶ Tab. 4.2).

Tab. 4.2: Fragebogenverfahren zur basis- und störungsspezifischen Diagnostik von sozialen Ängsten bei Kindern und Jugendlichen

Verfahrensname	Erfasste Symptombereiche	Beurteiler*in	Gütekriterien und Normierung
Basisverfahren			
Deutsche Schulalter-Formen der Child Behavior Checklist	Kompetenzen und acht Problemskalen: ängstlich/depressiv, rückzüglich/repressiv, körperliche Be-	Eltern, Lehrkräfte und Kinder ab elf Jahren	Interne Konsistenz nur für sekundäre Skalen durchgängig zufriedenstellend. Daten zur

4.3 Diagnostikinstrumente

Tab. 4.2: Fragebogenverfahren zur basis- und störungsspezifischen Diagnostik von sozialen Ängsten bei Kindern und Jugendlichen – Fortsetzung

Verfahrensname	Erfasste Symptombereiche	Beurteiler*in	Gütekriterien und Normierung
(CBCL/6-18R; TRF/6-18R; YSR/ 11-18R; Döpfner et al., 2014)	schwerden, soziale Probleme, Denk-, Schlaf und repetitive Probleme, Aufmerksamkeitsprobleme, regelverletzendes Verhalten und aggressives Verhalten. Bildung von sekundären Skalen für internalisierende und externalisierende Symptome möglich sowie DSM-orientierte Syndromskalen.		zeitlichen Stabilität und Validität liegen für die aktuelle Version nicht vor. Normwerte existieren für Eltern- und Selbsturteil, nicht für das Lehrkrafturteil.
Diagnostik-System für Psychische Störungen nach ICD-10 und DSM-V (DISYPS-III; Döpfner & Görtz-Dorten, 2017)	Umfassendes Diagnostiksystem mit Beurteilungsbögen und Diagnosechecklisten für die Bereiche: ADHS, Störung des Sozialverhaltens, Depressive Störungen, Angststörungen, Traumafolgestörungen, Zwangsstörungen, Tic-Störungen, Autismus und Bindungsstörungen.	Eltern, Lehrkräfte und Kinder ab elf Jahren	Psychometrische Gütekriterien liegen für einen Teil der Instrumente vor. Normierungsdaten liegen nicht für alle Störungsbereiche und Beurteilungsperspektiven vor.
Verschiedene Ängste			
Phobiefragebogen für Kinder und Jugendliche (PHOKI; Döpfner et al., 2006)	Erfassung von Ängsten in den Bereichen: Angst vor Gefahren und Tod, Trennungsängste, Soziale Ängste, Angst vor Bedrohlichem und Unheimlichem, Tierphobien, Angst vor medizinischen Eingriffen und Schul- und Leistungsängste.	Selbstbeurteilung ab acht Jahren	Zufriedenstellende interne Konsistenzen, keine Angaben zur Reliabilität. Prozentränge getrennt für Mädchen und Jungen sowie verschiedene Altersgruppen.
Angstfragebogen für Schüler (AFS; Wieczkowski et al., 2016)	Erfassung von Ängsten in den Bereichen: Prüfungsangst, allgemeine Angst und Schulunlust. Zusätzlich Skala für soziale Erwünschtheit.	Selbstbeurteilung ab neun Jahren	Gute Reliabilitäten und interne Konsistenzen. Normwerte getrennt für Mädchen und Jungen.
Bochumer Angstverfahren für Kinder im Vorschul- und Grundschulalter	Erfassung von sozialen Ängsten, kognitiven Ängsten, Sorgen und Befürchtungen, Angst vor Verletzung und körperli-	Selbst- und Fremdbeurteilung für Kinder zwischen drei und elf Jahren	Zufriedenstellende interne Konsistenzen und Reliabilitäten im Grundschulalter. Schwächere Werte für

Tab. 4.2: Fragebogenverfahren zur basis- und störungsspezifischen Diagnostik von sozialen Ängsten bei Kindern und Jugendlichen – Fortsetzung

Verfahrensname	Erfasste Symptombereiche	Beurteiler*in	Gütekriterien und Normierung
(BAV 3–11; Mackowiak & Lengning, 2010)	cher Beeinträchtigung sowie Phobien. Zusätzlich Erfassung von Regulationsstrategien im Zusammenhang mit Ängsten möglich.		Kindergartenstichproben. Geschlechtsspezifische Normen und verschiedene Altersgruppen.
Soziale Ängste			
Sozialphobie und -angstinventar für Kinder (SPAIK; Melfsen et al., 2001)	Sozialängstliches Verhalten in verschiedenen sozialen Situationen mit vertrauten und unvertrauten Personen. Differenzierung nach drei Inhaltsbereichen (Interaktionssituationen, Leistungssituationen sowie kognitive und somatische Symptome) möglich.	Selbstbeurteilung ab acht Jahren	Interne Konsistenzen sowie Reliabilitäten im guten Bereich. Normen sowie Klinischer Cut-off liegen vor.
Social Anxiety Scale for Children – Revised (SASC-R; Deutsche Version Melfsen & Florin, 1997)	Erfassung von sozialen Ängsten bei Kindern und Jugendlichen. Bilden von zwei Unterskalen (Fear of negative Evaluation und Social Avoidance and Distress) möglich.	Selbstbeurteilung ab acht Jahren	Zumeist im Forschungskontext eingesetzt. Keine umfassende Normierung vorhanden. Zufriedenstellende Gütekriterien.
Elternfragebogen zu sozialen Ängsten im Kindes- und Jugendalter – Lehrerversion (L-ESAK; Stenzel et al., 2007)	Erfassung von sozialen Ängsten aus Lehrkraftperspektive mit drei Unterskalen: negative Kognitionen, körperliche Erregung und Vermeidungsverhalten.	Fremdbeurteilung durch Lehrkräfte ab dem Schulalter; auch Elternversion vorhanden.	Zumeist im Forschungskontext eingesetzt. Keine Normen für die Lehrkraftversion vorhanden. Skalenstruktur faktoranalytisch bestätigt. Keine umfassenden Untersuchungen zur Reliabilität.

4.3.2 Diagnostische Interviews

Diagnostische Interviews sind der Goldstandard der klinisch-psychologischen Diagnostik und sollten daher in der klinisch-psychologischen Diagnostik unbedingt durchgeführt werden. Anhand von vorformulierten und klar strukturierten diagnostischen Fragen werden alle relevanten Störungsbereiche nach ICD-10 oder DSM-5 erfasst (Margraf, Cwik, Pflug & Schneider, 2017). Ein großer Vorteil gegenüber freien Gesprächen und Explorationen ist auf der einen Seite, dass eine sehr systematische Erfassung möglicher vorliegender Störungen im Hinblick auf die diagnostischen Kriterien erfolgt und damit nach dem Interview eine Diagnosestellung möglich ist. Weiterhin werden im Rahmen von diagnostischen Interviews in der Regel neben der Hauptsymptomatik (z. B. Soziale Angststörung) auch noch viele andere Störungsbereiche mit den Patient*innen und ihren Eltern besprochen, sodass eine umfassende Erfassung von komorbiden Störungen erfolgt und auch Informationen zur Differenzialdiagnostik vorliegen (z. B. nach dem klinischen Interview stellt sich heraus, dass neben den sozialen Ängsten noch viele andere Ängste bestehen und eine Generalisierte Angststörung vorliegt). Studien zeigen, dass durch den Einsatz von strukturierten Interviews eine hohe Reliabilität und damit Zuverlässigkeit der diagnostischen Einschätzung erreicht werden kann (Neuschwander, In-Albon, Adornetto, Roth & Schneider, 2013). In Deutschland ist das Diagnostische Interview für Psychische Störungen im Kindes- und Jugendalter (Kinder-DIPS-OA; Schneider, Pflug, In-Albon & Margraf, 2017) am weitesten verbreitet. Es besteht aus jeweils einem Interview, welches mit dem Kind bzw. Jugendlichen und den Eltern getrennt voneinander durchgeführt wird. Das Kinder-DIPS ist für Kinder und Jugendliche im Alter zwischen sechs und 18 Jahren geeignet und dauert in der Durchführung etwa zwei Stunden, auch wenn bei zahlreichen komorbiden Störungen eine längere Interviewdauer veranschlagt werden sollte. Die Erfassung der Sozialen Angststörung erfolgt orientiert an den Kriterien des ICD-10, eine Diagnosestellung nach DSM-5 ist auch möglich. Hinsichtlich der Sozialen Angststörung werden verschiedene spezifische Situationen erfragt, in denen soziale Ängste auftreten können, wie Angst vor einer Gruppe zu sprechen, selbstsicher zu sein, die Lehrkraft etwas zu fragen, oder fremde Kinder und Jugendliche zu treffen. Für alle Situationen wird sowohl das Ausmaß der sozialen Angst als auch mögliches Vermeidungsverhalten erfasst. Zusätzliche Fragen erheben die Einsicht in die Übertriebenheit der Ängste, Freundschaften, Leidensdruck und Wunsch nach Hilfe.

Ein ganz neues Verfahren zur Erfassung von psychischen Störungen im Bereich der frühen Kindheit und im Kindergartenalter ist das Strukturierte Interview für das Vorschulalter (SIVA; Bolten, Equit, von Gontard & In-Albon, in Vorb.). Mit Hilfe des SIVA werden psychische Symptome aus Elternsicht erfasst. Aufgrund des jungen Alters der Patient*innen erfolgt keine systematische Befragung der Kinder selbst.

4.3.3 Testverfahren

Testverfahren kommen bei der Diagnostik der Sozialen Angststörung eher selten vor bzw. werden in der Regel zur Beurteilung der kognitiven Leistungsfähigkeit oder zur Diagnostik von möglichen komorbiden Entwicklungsstörungen eingesetzt. Da soziale Ängste häufig auch mit einer verminderten schulischen Leistung einhergehen, die die Frage aufwirft, ob eine schulische Überforderung vorliegt, wird häufig eine Intelligenzdiagnostik benötigt. Hier sind ausführliche Testverfahren wie der Wechsler Intelligenztest für Kinder (WISC-V; Wechsler, 2017) oder die Kaufman-Assessment-Battery für Kinder (KABC-II; Kaufman, Kaufman & Kaufman, 2015) gegenüber orientierenden Verfahren wie dem Grundintelligenztest Skala 2 (CFT 20-R; Weiß, 2006) oder den Raven Matrizen (CPM; Raven, 2001) eindeutig vorzuziehen, da nur sie fundierte Aussagen über schulrelevante Intelligenzbereiche erlauben, inklusive sprachlicher Fähigkeiten. Bei der Interpretation der Testwerte ist zu berücksichtigen, dass diese durch eine hohe Leistungsangst beeinflusst werden und somit gegebenenfalls niedriger ausfallen können, als das eigentliche Potenzial des Kindes oder Jugendlichen vermuten lassen würde.

4.3.4 Beobachtungsinstrumente

Für eine strukturierte Beobachtung der Symptomatik der Sozialen Angststörung gibt es nur wenige publizierte Verfahren, die im klinischen Alltag eingesetzt werden. Da die Kernsymptomatik der Störung kognitiver Natur ist, eignen sich diese Instrumente auch nur bedingt dafür, die Störung zu beobachten. Vielmehr ist der Bericht von Kindern oder Bezugspersonen über ängstliche Kognitionen notwendig, bzw. ein Bericht über stabiles ängstliches und vermeidendes Verhalten vor und während sozialer Situationen wichtig. Dennoch kann der Einsatz von Beobachtungsinstrumenten helfen, die situativen Verhaltensmerkmale des Kindes oder Jugendlichen zu erfassen. Dies kann später auch für ein vorbereitendes Training von sozialen Kompetenzen eingesetzt werden, wenn sich herausstellen sollte, dass der*die Patient*in hier Defizite hat (z. B. Vermeidung von Blickkontakt oder Sprechen mit sehr leiser Stimme). Ein Beispiel für ein solches strukturiertes Beobachtungsinstrument ist der Beobachtungsbogen für sozial unsichere Kinder (Petermann & Petermann, 2015), mit dessen Hilfe verschiedene Kategorien von sozial unsicherem Verhalten erfasst werden können, wie mimische, sprachliche und verhaltensbezogene Merkmale.

4.3.5 Diagnosestellung und Integration von diagnostischen Informationen

Bei der Diagnosestellung sollten alle diagnostischen Informationen aus Exploration, Anamnese, Fragebogen, Interviews und weiteren diagnostischen Materialien (z. B. Schulzeugnisse) zusammengetragen und gemeinsam bewertet werden. Wichtig ist zu beurteilen, ob die vorliegenden sozialen Ängste Krankheitswert haben oder noch im subklinischen Bereich liegen. Hier können Prozentränge in den Fragebogenverfahren einen ersten Anhaltspunkt liefern. Weiterhin sollte betrachtet werden, ob die Funktionsfähigkeit durch die sozialen Ängste gegenüber einem Kind oder Jugendlichen ohne soziale Ängste eingeschränkt ist, wie beispielsweise die Unfähigkeit, sich im Schulunterricht zu beteiligen, Gleichaltrige anzusprechen oder einen Sportverein zu besuchen. Es sollte weiterhin beachtet werden, dass soziale Ängste auch bei vielen anderen psychischen Störungen als Begleiterscheinung auftreten können, wie bei Essstörungen, Depressionen oder

Zwangsstörungen (Zonnevylle-Bender et al., 2004). Hier wäre zu entscheiden, ob die sozialen Ängste als eigenständige Diagnose verschlüsselt werden oder eher im Rahmen einer anderen Störung zu sehen sind.

Eine besondere Herausforderung ist die Integration verschiedener Informant*innen (Selbstbericht, Elternurteil, Lehrkrafturteil), insbesondere wenn die Angabe zu sozialen Ängsten stark voneinander abweichen. So ist es beispielsweise möglich, dass Kinder selbst in einem diagnostischen Interview klinisch relevante Ängste benennen, diese jedoch nicht von ihren Eltern genannt werden oder umgekehrt. Studien zeigen einen Einfluss von verschiedenen Faktoren wie elterlicher Depression, sozialer Unterstützung u. a. auf die Übereinstimmung von diagnostischen Urteilen im Kindes- und Jugendalter mit insgesamt geringen Übereinstimmungsraten (Popp, Neuschwander, Mannstadt, In-Albon & Schneider, 2017). Eine klare Regel, wie unterschiedliche Urteile zu gewichten sind, kann nicht abgeleitet werden. Für eine höhere Gewichtung des Kinderurteils spricht, dass sozial-ängstliche Kognitionen von außen schwer zu beurteilen sind und Eltern nicht selten verborgen werden. Sollten also Kinder oder Jugendliche deutlich und glaubhaft sozialängstliche Gedanken oder Verhaltensweisen berichten, ist dies als deutlicher Hinweis auf eine Soziale Angststörung zu werten. Sollten Kinder oder Jugendliche im Selbsturteil keine sozialen Ängste angeben, bedeutet dies jedoch nicht zwangsläufig, dass keine Soziale Angststörung vorliegt. Hier ist es bei jüngeren Kindern möglich, dass diese sozialängstlichen Gedanken nicht formulieren können oder Vermeidungsverhalten von den Kindern selbst nicht wahrgenommen wird. Bei älteren Kindern und Jugendlichen sollte Dissimulation in Betracht gezogen werden, wenn die Kinder oder Jugendlichen grundsätzlich einer psychotherapeutischen Behandlung gegenüber sehr kritisch eingestellt sind. Bei Dissimulation zeigt sich häufig eine sehr breite Verneinung von verschiedenen Symptombereichen, auch über soziale Ängste hinaus (z. B. komplette Verneinung aller Fragen in Angstfragbogen oder im Youth-Self-Report). Bei der Vermutung, dass Kinder und Jugendliche soziale Ängste nicht zugeben möchten, obwohl diese vorhanden sind, kann es hilfreich sein, mit den Kindern darüber zu sprechen, welche Ängste sie haben oder auch was eine psychotherapeutische Behandlung bedeutet, da Kinder oft noch keine Vorstellung davon haben, wie diese abläuft (Gosch, Flannery-Schroeder, Mauro & Compton, 2006).

4.4 Rückmeldung der Diagnostikergebnisse

Die Ergebnisse der Diagnostik sollten an alle Personen zurückgemeldet werden, die mit den sozialen Ängsten der Patient*innen häufig konfrontiert sind. Dies umfasst auf der einen Seite natürlicherweise den Patienten*die Patientin selbst, aber auch die sorgeberechtigten Eltern. Da sich soziale Ängste häufig im Schulalltag zeigen, sollte ebenfalls erwogen werden, wichtige Lehrkräfte wie den*die

Klassenlehrer*in ebenfalls über die vorliegende Symptomatik und das Krankheitsbild zu informieren, wenn eine Schweigepflichtsentbindung vorliegt. Auf der einen Seite kann damit ungünstigem Lehrkraftverhalten vorgebeugt werden, wie beispielsweise einer möglichen Bloßstellung der Patient*innen bei Vermeidungsverhalten im Unterricht (z. B. keine Antwort auf eine Frage im Unterricht geben). Auf der anderen Seite werden so auch wichtige schulzentrierter Interventionen wie schulbasierte Exposition vorbereitet (▶ Kap. 6).

Die Rückmeldung der Diagnostikergebnisse und die Mitteilung, dass eine Soziale Angststörung vorliegt, sollte bei entsprechendem Alter der Patient*innen (ab ca. zehn Jahren) mit Bezug auf die Kriterien des ICD-10 erfolgen. Somit wird den Patient*innen und ihren Eltern vermittelt, dass die möglicherweise zu Beginn diffus geschilderten Probleme Krankheitswert haben und behandlungsbedürftig sind. Dies kann dabei helfen, eine Behandlungsmotivation und Behandlungseinsicht aufzubauen und mögliche dysfunktionale Einstellungen zu den sozialen Ängsten abzubauen (z. B.: »Ich kriege das in sozialen Situationen nicht hin, weil ich zu dumm und unfähig bin.«) Dabei ist es sinnvoll, auf konkrete und individuelle Schilderungen des Patienten*der Patientin und der Eltern zurückzugreifen, also beispielsweise die Angst vor negativer Bewertung oder im Zentrum der Aufmerksamkeit zu stehen auf geschildertes Verhalten zu beziehen (z. B.: »Du hast mir ja erzählt, dass du diese Gedanken kennst, wenn du dich im Unterricht melden sollst.«). Andererseits sollte auch Bezug auf die konkreten diagnostischen Instrumente genommen werden, wie beispielsweise Selbstbeurteilungsfragebögen zur sozialen Angst. Hier ist es hilfreich, die Ergebnisse des*der Patient*in auf die Normwerte zu beziehen, um die Stärke der sozialen Ängste zu verdeutlichen (z. B.: »Diesen Fragebogen haben schon sehr viele Kinder und Jugendliche ausgefüllt. Wenn man deine Ängste mit anderen Kindern in deinem Alter vergleicht, dann hast du deutlich mehr Ängste als die meisten Kinder. Ein Prozentrang von 95 bedeutet, dass neun von 10 Kindern weniger starke Ängste in sozialen Situationen berichten.«) Aufbauend auf der Vermittlung der Diagnose sollten erste psychoedukative Informationen gegeben werden (z. B. Häufigkeit der Störung in der Altersgruppe der Patient*innen; ▶ Kap. 6).

4.5 Behandlungssettings und Indikation

Die Soziale Angststörung wird in aller Regel ambulant mit guten Erfolgschancen (Melfsen et al., 2011) psychotherapeutisch behandelt, auch wenn sie teilweise in intensiveren stationären Behandlungssettings vorkommt (Epkins, 2002). Der Vorteil des ambulanten Settings gegenüber teil- oder vollstationären Settings ist, dass Kinder und Jugendliche in ihrem aktuellen sozialen Umfeld bleiben und die Angstbehandlung idealerweise im Alltag der Patient*innen umgesetzt werden kann. Eine vollstationäre Behandlung ist für viele Kinder und Jugendliche auf der einen Seite oft aversiv, da eine Konfrontation mit unbekannten Gleichaltrigen und Erwachsenen befürchtet wird. Auf der anderen Seite birgt sie die Gefahr, dass relevante Angstsituationen im Alltag der Kinder vermieden bzw. nicht bearbeitet werden. Wenn möglich, sollte daher eine ambulante psychotherapeutische Behandlung einer stationären Therapie vorgezogen werden. Unter bestimmten Umständen muss jedoch auch bei der Behandlung der Sozialen Angststörung im Kindes- und Jugendalter eine stationäre Therapie in Betracht gezogen werden. Dies kann insbesondere indiziert sein, wenn soziale Ängste zu einem ausgeprägten und chronifizierten Vermeidungsverhalten führen, wie das Ausbleiben des Schulbesuches und wenn aufgrund komorbider psychischer Störungen eine sehr starke Belastung der Kinder oder Jugendlichen vorliegt. Studien zeigen, dass starke und anhaltende soziale Ängste mit Suizidgedanken und -plänen verbunden sein können (Gallagher, Prinstein, Simon & Spirito, 2014). Insbesondere bei akuter Suizidalität muss unter Hinzuziehung des Rettungsdienstes sofort eine geschlossene stationäre Behandlung initiiert werden (vgl. §1906 Bürgerliches Gesetzbuch). Auch wenn die Symptomatik der Sozialen Angststörung so stark ist, dass eine therapeutische Arbeit nicht möglich ist (z. B. Patient*in vermeidet es aufgrund von sozialen Ängsten zur Psychotherapie zu kommen; Patient*in macht aufgrund der Stärke der Ängste über einen längeren Zeitraum keine Behandlungsfortschritte), sollte eine stationäre oder teilstationäre Aufnahme in Betracht gezogen werden.

Mögliche Indikationen für eine stationäre oder teilstationäre Behandlung der Sozialen Angststörung

- Akute Suizidalität mit sich aufdrängenden Suizidgedanken und -plänen; Kind oder Jugendlicher kann sich von Suizidgedanken nicht glaubhaft distanzieren.
- Starke Beeinträchtigung im Alltag des Kindes oder Jugendlichen, sodass altersentsprechende Aktivitäten nicht mehr wahrgenommen werden können (z. B. kein Schulbesuch über mehrere Wochen).
- Starke psychopathologische Belastung mit zahlreichen komorbiden Störungen, wie anderen Angststörungen, Substanzmissbrauch und Depression.
- Ambulante Therapie wird vom Kind oder Jugendlichen aufgrund sozialer Ängste vor dem Therapeuten nicht wahrgenommen und vermieden.
- Bei starker Symptomatik und ausbleibendem Behandlungsfortschritt über einen längeren Zeitraum.

4.6 Überprüfung der Lernziele

- Welche diagnostischen Verfahren sollten bei der Sozialen Angststörung im Kindes- und Jugendalter eingesetzt werden?
- Wie sollte die therapeutische Beziehung während der Diagnostik gestaltet werden?
- Der Bericht der 9-jährigen Madeleine widerspricht dem der Eltern und der Klassenlehrerin, da sie keine Ängste berichtet. Wie sollte mit diesem Unterschied in den diagnostischen Angaben umgegangen werden?
- Wie sollten diagnostische Ergebnisse an Kinder, Jugendliche und Eltern zurückgemeldet werden?

5 Störungstheorien und -modelle

Fallbeispiel

Die Eltern der 9;7-jährigen Lisa berichten, dass diese schon immer eher schüchtern und zurückhaltend gewesen sei. So habe sie schon im Kindergarten immer eine Beobachterrolle eingenommen und nur dann mit anderen Kindern gespielt, wenn diese sie explizit eingeladen hätten. Nach den Sommerferien habe sie nun in der dritten Klasse einen neuen Klassenlehrer, der sehr streng sei und vor dem sich Lisa fürchte, seit er eine Klassenkameradin aufgrund fehlender Hausaufgaben gerügt habe. Bald stehe eine Buchvorstellung an, vor der sich Lisa extrem fürchte, da sie sicher sei, dass alle lachen würden, wenn sie sich verspreche. Lisa grüble allgemein viel über Situationen in der Schule und sei sehr unsicher, wie sie sich ihren Klassenkamerad*innen und den Lehrkräften gegenüber verhalten solle. Der Vater berichtet, dass er ebenfalls als Kind sehr schüchtern gewesen sei. Auch heute noch habe die Familie eher wenige soziale Kontakte.

Lernziele

- Sie können biopsychosoziale Faktoren für die Entstehung einer Sozialen Angststörung kurz darstellen.
- Sie können den Evidenzgrad der Ätiologie der Sozialen Angststörung im Kindesalter einschätzen.
- Sie können ein kognitives Modell (z. B. Clark & Wells, 1995) als Erklärungsmodell für Patient*innen heranziehen.

5.1 Bedingende Faktoren für Entstehung und Aufrechterhaltung

Eine zentrale Fragestellung der klinischen Psychologie ist die Suche nach Modellen, welche die Entstehung von psychischen Störungen erklären. Die Frage der Ätiologie, d.h. der Lehre der Genese von Erkrankungen, ist leitend für die Beschreibung der Störung, aber auch für die Behandlung, da eine Behandlung im Bestfall genau auf die Entstehungsbedingungen zugeschnitten ist und so an den auslösenden Faktoren wirkt. Dies muss berücksichtigen, dass verschiedene Wege der Pathogenese zum gleichen Störungsbild führen (Äquifinalität) sowie, dass ähnliche bedingende Faktoren zu einem anderen Störungsbild führen können (Multifinalität). Neben der Klärung der Ätiologie ist die Frage der Aufrechterhaltung der Störung zentral: Das Verhalten wird meist von Konsequenzen in der Aufrechterhaltung begünstigt oder gehemmt (▶ Mikro- und Situationsanalyse, Kap. 4.3.2). Bei der Sozialen Angststörung ist beispielsweise die Vermeidung ein zentraler Faktor, da über die Vermeidung der Situation die Angst nachlässt und somit der soziale Rückzug aufrechterhalten bzw. gestärkt wird. Im Folgenden werden relevante Faktoren beschrieben und in Beziehung gebracht.

Begriffsklärung

Ätiologie: Die zentrale Fragestellung der Ätiologie ist, *warum und wie psychische Störungen entstehen*. Störungsübergreifend werden häufig biopsychosoziale Modelle eingesetzt, die eine psychische Störung als bedingt durch die Interaktion multipler Faktoren (z. B. kognitive Verzerrungen, genetische Faktoren, Lernerfahrungen) betrachten. Für einzelne Störungsbilder ist insbesondere die Art der Interaktion sowie die Relevanz einzelner Faktoren zu klären.

Aufrechterhaltung: Neben den verursachenden Faktoren ist es notwendig, aufrechterhaltende Faktoren zu betrachten, d. h. die Frage zu klären, *warum eine psychische Störung bestehen bleibt*. Hier können ähnliche Faktoren relevant sein wie in der Ätiologie, jedoch spielen bestimmte biologische Faktoren (z. B. Genetik) oft eine untergeordnete Rolle.

Risikofaktor: Bedingende Faktoren für den Erwerb einer bestimmten Krankheit werden als Risikofaktor bezeichnet. Diese können sowohl veränderbar sein (variabler Risikofaktor; z. B. Erziehungsverhalten) wie auch unveränderbar (fester Risikofaktor; z. B. Geschlecht, genetische Faktoren; Jacobi & Esser, 2003).

5.2 Biologische Faktoren

5.2.1 Temperament

Wie für das frühe Kindesalter bereits angesprochen (▶ Kap. 1), werden Temperamentsfaktoren als zentral für die Entstehung von Angststörungen betrachtet. Besondere Relevanz hat die Behavioral Inhibition (BI; Verhaltenshemmung; Essex, Klein, Slattery, Goldsmith & Kalin, 2010; Kagan, Reznick, Snidman & April, 1988). Eine starke Hemmung gegenüber neuen Situationen und neuen Menschen wird als prädiktiv für die Entstehung einer Sozialen Angststörung betrachtet (Hirshfeld-Becker et al., 2007). Das Konzept wird bei jungen Kindern (Alter zwei bis vier Jahre) untersucht, indem eine Konfrontation mit unbekannten Objekten (z. B. ausgefallenes Spielzeug) oder Personen erwirkt wird. Ein möglicher Indikator für die Verhaltenshemmung ist dann die Zeit, bis sich das Kind der Person oder dem Objekt nähert. Das Risiko, bei einer ausgeprägten Verhaltenshemmung eine Soziale Angststörung zu entwickeln, liegt insbesondere dann vor, wenn die Eltern überprotektiv sind oder vermeidendes Verhalten modellieren und die Verhaltenshemmung anhält (Hirshfeld-Becker, Micco, Wang & Henin, 2014). Es wird zudem die Relevanz von mangelhafter Aufmerksamkeitsmodellierung, geringer sozialer Kompetenz, geringem aufsuchendem Verhalten und physiologischen Korrelaten der Sensitivität auf neue Stimuli diskutiert (Hirshfeld-Becker et al., 2014). Es ist somit festzuhalten, dass Temperament nur in Verbindung mit externalen Faktoren zur Sozialen Angststörung führt, was zudem auch im Sinne der Multifinalität zu einer Generalisierter Angststörung oder einer Emotionalen Störung mit Trennungsangst des Kindesalters führen kann (Hudson & Dodd, 2012; Hudson, Dodd & Bovopoulos, 2011). Eine präventive Behandlung von Kindern mit hoher Verhaltenshemmung mit Eltern oder Kindern zeigt sich vielversprechend, um die Entwicklung von einer Sozialen Angststörung zu verhindern (z. B. Hirshfeld-Becker et al., 2010; Rapee, Kennedy, Ingram, Edwards & Sweeney, 2005).

5.2.2 Genetik

Ängste und somit auch soziale Ängste treten gehäuft in Familien auf (z. B. Asbrand, Svaldi, Krämer, Breuninger & Tuschen-Caffier, 2016; Lieb et al., 2000), sodass eine genetische Veranlagung angenommen und auch von der Empirie bestätigt werden kann (vgl. Stein & Gelernter, 2014). Die spezifischen genetischen Determinanten sind jedoch noch unklar, genauso wie die Interaktion mit Umweltbedingungen (Stein & Gelernter, 2014). In Zwillingsstudien zur Sozialen Angststörung zeigte sich, dass der Einfluss von genetischen Faktoren bei monozygoten Zwillingspaaren 20 bis 40 % mehr Varianz aufklärt als bei dizygoten Zwillingspaaren. Darüber hinaus scheint jedoch ein gemeinsamer genetischer Faktor bei der Sozialen Angststörung, der Panikstörung und der Agoraphobie vorzuliegen (z. B. Mosing et al., 2009), sodass gemeinsame genetische Allele für diese Störungsbilder gesucht werden.

> **Zwillingsstudien**
>
> Zwillingsstudien vergleichen monozygote (d. h. »eineiige«) mit dizygoten (d. h. »zweieiigen«) Zwillingen. Tritt bei monozygoten Zwillingen eine höhere Übereinstimmung im Phänotyp, z. B. soziale Angst, auf, weist dies auf eine anteilige genetische Basis hin (Kendler, Myers, Prescott & Neale, 2001).

Es zeigten sich in vergangenen Studien neben relevanten Faktoren für die Soziale Angststörung selbst insbesondere genetische Grundlagen für verwandte Eigenschaften wie z. B. Erröten (Domschke et al., 2009), Schüchternheit (Arbelle et al., 2003), Neurotizismus (Kotov, Gamez, Schmidt & Watson, 2010) und BI (Smoller et al., 2008).

5.2.3 Physiologie

Die Klassifikationssysteme ICD-10 und DSM-5 fordern neben einer starken Angst in sozialen Situationen auch eine (körperliche) Angstreaktion. Bedrohliche Situationen führen zu einer körperlichen Aktivierung, die sich in der sogenannten »Fight or Flight« Reaktion (Kampf oder Flucht) zeigt (Cannon, 1914). Diese wird vermittelt über den sympathischen Teil des autonomen Nervensystems. Die Ausschüttung von Katecholaminen (Noradrenalin, Adrenalin etc.) in den Blutkreislauf stellt erhöhte Energiereserven bereit und veranlasst die Reaktion des Organismus, zu kämpfen oder zu fliehen. Als Gegenspieler des Sympathikus im autonomen Nervensystem wird der Parasympathikus betrachtet (Bradley & Lang, 2007), welcher die Verdauung und Regeneration fördert. Eine erhöhte körperliche Reaktion in einer angstbesetzten Situation wird nicht unbedingt als rein sympathisch vermittelt betrachtet, sondern auch als eine Reduktion der parasympathischen Aktivität (Porges, 2007). Die Forschung insbesondere zu physiologischen Faktoren bei Kindern mit Sozialer Angststörung ist lückenhaft, deutet jedoch daraufhin, dass die Kinder mit Sozialer Angststörung im Vergleich zu Kindern ohne Angststörung eine generelle Übererregung auch in Ruhe zeigen (Asbrand, Blechert, Nitschke, Tuschen-Caffier & Schmitz, 2017; Krämer et al., 2012; Siess et al., 2014). Unter sozialem Stress selbst zeigt sich keine übermäßige körperliche Reaktion (Schmitz, Krämer, Tuschen-Caffier, Heinrichs & Blechert, 2011; Siess et al., 2014). Im Anschluss an eine soziale Stresssituation erholt sich die Herzrate der Kinder mit Sozialer Angststörung vergleichsweise langsam im Vergleich zu Kindern ohne Angststörung (Schmitz et al., 2011). Eine übermäßige physiologische Aktivierung zeigt sich zudem bereits bei Kindern mit inhibiertem Temperament, bevor eine Vollausprägung einer Angststörung vorliegt (de Vente, Majdandzic & Bögels, 2014).

Diagnostisch schlagen einige Autor*innen sowie das DSM-5 (APA, 2013) eine Unterteilung der Sozialen Angststörung in einen generalisierten versus spezifischen Subtyp vor (z. B. Hook & Valentiner, 2002). In ersterem Fall besteht die Angst vor vielen verschiedenen sozialen Situationen, während der zweite Subtyp insbesondere eine Situation in den Vordergrund rückt, wie z. B. die soziale Angst in Leistungssituationen. Diese Unterteilung wird von physiologischen Befunden unterstützt: So zeigt sich die spezifische Form der Sozialen Angststörung (z. B. vorwiegend Leistungsangst) mit einer Übererregung z. B. während einer Vortragssituation (für einen Überblick siehe de Vente, Majdanzic & Bögels, 2014). Im Gegenzug dazu zeichnet sich der generalisierte Subtyp durch ein erhöhtes generelles Arousal, somit auch außerhalb einer sozialen Situation, aus. Diese distinkten Reaktionen führten zur Klassifikation beider Subtypen innerhalb des DSM-5 (APA, 2013).

Nicht alle Studien finden jedoch objektiv physiologische Auffälligkeiten und Übererregung (z. B. (Anderson & Hope, 2009). So wird auch diskutiert, ob tatsächlich immer eine objektiv messbare Übererregung vorliegt, oder ob nicht vielmehr die Wahrnehmung der körperlichen Angstreaktion eine entscheidende Rolle spielt (▶ Exkurs). Aus diesem Grund nehmen wahrnehmungs- und kognitionsbezogene Faktoren eine zentrale Rolle in der Ätiologie der Sozialen Angststörung ein.

> **Exkurs: Trügerische Wahrnehmung des Körpers**
>
> In einer Studie von Schmitz und Kolleg*innen (Schmitz et al., 2012) wurden Kinder im Alter von 10 bis 12 Jahren mit hoher vs. niedriger sozialer Angst gebeten, vor zwei Beobachter*innen eine Geschichte zu erzählen. Dabei wurde ihr vermeintlich eigener, beschleunigter Herzschlag entweder nur ihnen selbst über Kopfhörer oder über Lautsprecher im Raum hörbar mitgeteilt. Kinder mit hoher sozialer Angst nahmen ihren Herzschlag in beiden Bedingungen stärker wahr als Kinder mit niedriger sozialer Angst. Der laut hörbare Herzschlag führte nur bei Kindern mit hoher sozialer Angst zu mehr Sorge über die Außenwahrnehmung dieses Herzschlags im Vergleich zur Rückmeldung des Herzschlags über den Kopfhörer. Somit zeigt sich bereits vor der Manifestation einer sozialen Angststörung eine verzerrte Wahrnehmung des eigenen Körpers sowie eine maladaptive Interpretation. Diese sogenannte Angstsensitivität ist möglicherweise ein entscheidender Faktor für die Entstehung und Aufrechterhaltung der Sozialen Angststörung.

5.3 Kognitive Faktoren

Die Soziale Angststörung gilt als kognitive Störung (z B. Clark & Wells, 1995), so dass sich eine Vielzahl von Modellen diesem Faktor explizit widmet. Im Folgenden wird eine Auswahl von Modellen vorgestellt, welche insbesondere darauf fokussieren, dass die Wahrnehmung der Erwartungen an die eigene Person inkongruent sind zu den wahrgenommenen Fähigkeiten (z. B. Erwartung: »Es wird erwartet, dass ich ein eloquentes Referat halte« vs. wahrgenommene Fähigkeit: »Ich bin nicht dazu in der Lage, gute Vorträge zu halten«).

5.3.1 Das kognitive Modell von Clark und Wells (1995)

Der zentrale Aspekt des Modells von Clark und Wells (1995) liegt in der Annahme, dass Menschen mit Sozialer Angststörung sich unbedingt wünschen, einen möglichst guten Eindruck bei anderen zu hinterlassen, und zugleich große Unsicherheit verspüren, dies zu schaffen. Konkret beginnen kognitive Prozesse nach Clark und Wells (1995) damit, dass sich eine Person mit Sozialer Angststörung in eine soziale Situation begibt und schnell die Gefahr der negativen Bewertung durch andere wahrnimmt. Interozeptionen wie Unruhe oder Nervosität werden als sicheres Zeichen dafür gewertet, dass auch Personen von außen auf diese Informationen fokussieren (z. B. »Ich fühle mich nervös, also sehen alle anderen auch, wie nervös ich bin«). Die Person wechselt in eine sogenannte Beobachterperspektive und nimmt sich selbst von außen so wahr wie scheinbar die anderen auch. Diese Wahrnehmung führt dann unter anderem zur Anwendung von sogenanntem Sicherheitsverhalten wie z. B. dem starren Festhalten eines Glases, um Zittern zu vermeiden. Jedoch führt gerade Sicherheitsverhalten oft dazu, dass das befürchtete Verhalten noch stärker auftritt; so verstärkt sich Zittern beim starren Festhalten eines Gegenstands. Sicherheitsverhalten birgt zudem das Risiko der Aufrechterhaltung, da mögliche soziale Erfolge nicht auf eigene soziale Kompetenz, sondern auf das Sicherheitsverhalten attribuiert werden. Ein weiterer, dysfunktionaler Prozess betrifft die Überschätzung der Bewertung durch andere: So tendieren Personen mit Sozialer Angststörung dazu, soziale Risiken zu überschätzen und im Sinne des Katastrophisierens immer davon auszugehen, dass die Konsequenzen eines sozialen »Missgeschicks« (z. B. jemanden mit dem falschen Namen ansprechen) unrealistisch negative Auswirkungen haben (z. B. die Person bricht daraufhin den Kontakt ab). Dies führt zu einer konstanten Beobachtung der eigenen Gedanken und des eigenen Verhaltens, so dass wenig kognitive und aufmerksamkeitsbezogene Ressourcen für den sozialen Kontakt übrig bleiben. Im Resultat wirken Menschen mit Sozialer Angststörung häufig abweisend, arrogant oder unfreundlich, da sie sehr stark mit sich selbst beschäftigt sind. Ein letzter dysfunktionaler kognitiver Prozess nach Clark und Wells (1995) beinhaltet Gedanken vor und nach einer sozialen Situation. Bereits vor der Situation werden negative Erfahrungen ins Gedächtnis gerufen und Erwartungen und bildliche Vorstellungen vom eigenen Versagen antizipiert. Dies führt entweder zur Vermeidung der Situation oder erneut zu einem extrem starken Fokus auf die eigene Person. Im Anschluss an die Situation wird dann erneut auf negative Aspekte der Situation fokussiert, die wieder und wieder durchgegangen wird (post-event processing). Dieser Prozess trägt entscheidend zur Aufrechterhaltung eines negativen Selbstbilds bei und erhöht die Wahrscheinlichkeit, kommende Situationen zu vermeiden.

Erste Forschung im Kindes- und Jugendalter zeigt, dass die hier beschriebenen Prozesse auch bei Kindern und Jugendlichen stattfinden (Hodson, McManus, Clark & Doll, 2008; Leigh & Clark, 2018; Schäfer, Schmitz & Tuschen-Caffier, 2012). So verglich beispielsweise eine Studie Kinder zwischen 8 und 13 Jahren mit Sozialer Angststörung, subklinischen starken sozialen Ängsten und gesunden Kontrollkindern (Kley, Tuschen-Caffier & Heinrichs, 2012). Kinder mit Sozialer Angststörung berichteten häufiger als andere Kinder Sicherheitsverhaltensweisen, selbstfokussierte Aufmerksamkeit und negative Kognitionen in einer sozialen Performanzsituation. Auch Kinder mit erhöhten sozialen Ängsten berichteten verstärkt, wenn auch nicht auf dem gleichen Level wie Kinder mit Sozialer

Angststörung, von diesen Symptomen. Darüber hinaus zeigte sich in derselben Stichprobe eine Erhöhung der sozialen Angst in der Situation bei der Instruktion, die Aufmerksamkeit auf sich selbst zu wenden (Kley, Tuschen-Caffier & Heinrichs, 2011). Ein kausaler Zusammenhang der negativen, auf sich selbst gerichteten Kognitionen und erhöhter sozialer Angst deutet sich somit an. In einer weiteren Studie mit Kindern, die nicht bezüglich ihrer sozialen Ängste ausgewählt wurden, zeigte sich zudem ein Zusammenhang eines Großteils der Faktoren aus Clark und Wells' (1995) Modell mit der sozialen Angst. So konnten negative soziale Kognitionen, selbstfokussierte Aufmerksamkeit, Sicherheitsverhalten sowie antizipatorisches und post-event processing 48 % der Varianz der sozialen Angst erklären. Obgleich der Forschungsstand im Kindes- und Jugendalter somit noch nicht an den des Erwachsenenalters heranreicht, kann davon ausgegangen werden, dass das Modell von Clark und Wells (1995) in Grundzügen auch im Kindes- und Jugendalter einsetzbar ist.

5.3.2 Das Modell von Rapee und Heimberg (1997)

Neben Annahmen zu weiteren ätiologischen Faktoren wie z. B. Genetik fokussiert auch das Modell von Rapee und Heimberg (1997) auf kognitiven Prozessen, auf die auch im Folgenden der Schwerpunkt gelegt werden soll. In diesem Modell ist bereits die potenzielle Möglichkeit einer sozialen Situation, z. B. eine unbekannte Person auf der Straße, ausreichend, um ein Gefühl der Gefahr zu vermitteln. Dies löst bei Betroffenen mit Sozialer Angststörung eine mentale Vorstellung der eigenen Person aus, wie sie glauben, von einer anderen Person wahrgenommen zu werden. Im Gegensatz zum Modell von Clark und Wells (1995) basiert das negative Selbstbild im Modell von Rapee und Heimberg (1997) nicht nur auf interozeptiven Signalen wie z. B. dem Gefühl der Hitze in den Wangen (Erröten), sondern auch auf externalen Signalen wie einem negativen Gesichtsausdruck von Interaktionspartner*innen. Die Autor*innen nehmen an, dass Menschen mit Sozialer Angststörung vor allem auf negative Signale fokussieren, die das eigene negative Selbstbild bestätigen. Ein zentraler Prozess ist dabei die Annahme, dass andere extrem hohe Standards an die soziale Performanz haben, sodass eine enorme Gefahr besteht, wenn diese nicht erreicht werden. Dies führt zu einer erheblichen Angstreaktion mit behavioralen, kognitiven und physiologischen Symptomen. Somit ist Vermeidung eine logische Konsequenz, diesem Teufelskreis zu entgehen. In einer Aktualisierung des Modells im Jahr 2010 (Heimberg, Brozovich & Rapee, 2010) wurden neue empirische Belege in das Modell integriert. So wurde z. B. dem Befund Rechnung getragen, dass sich negative Gedanken vor allem in negativen Bildern äußern, die das negative Selbstbild aufrechterhalten. Zudem stellte sich heraus, dass nicht nur negative Bewertung durch Andere, sondern auch positive Bewertung durch Andere zu vermehrter Angst führen (z. B. Weeks, Heimberg, Rodebaugh & Norton, 2008). Positive Bewertung (▶ Kap. 4.2.1, *Studienexkurs*) kann die Angst auslösen, auch in zukünftigen Situationen erfolgreich sein zu müssen, obgleich weiterhin die eigenen Kompetenzen als nicht ausreichend erlebt werden (Gilbert, 2001). Abschließend wurde das post-event processing des Modells von Clark und Wells (1995) in das Modell integriert.

Für die Bedeutung des Modells von Rapee und Heimberg (1997) im Kindes- und Jugendalter sprechen unter anderem Befunde aus der Forschung zu Aufmerksamkeitsfaktoren. So zeigt sich in Eyetracking-Untersuchungen, also der Analyse von Blickbewegungen, bei Präsentation von ärgerlichen und neutralen Gesichtern bei Kindern mit Sozialer Angststörung im Vergleich zu gesunden Kontrollkindern eine Hypervigilanz für negative Gesichtsausdrücke (Schmidtendorf, Wiedau, Asbrand, Tuschen-Caffier & Heinrichs, 2017; Seefeldt, Krämer, Tuschen-Caffier & Heinrichs, 2014). Kinder mit Sozialer Angststörung verwenden somit mehr Aufmerksamkeit auf negative – und somit potenziell gefährliche – Gesichtsausdrücke.

5.3.3 Das kognitive Modell von Hofmann (2007)

Die zuvor beschriebenen Modelle stellen die zentrale Grundlage für kognitive Faktoren der Sozialen Angststörung dar, sind jedoch bereits über 20 Jahre alt. Ein etwas neueres Modell, das ebenfalls einen hohen Stellenwert für die Beschreibung der Störung und die Forschung hat, ist das Modell von Hofmann (2007). In diesem argumentiert der Autor, dass die vorhandenen Modelle nicht spezifisch genug für die Soziale Angststörung seien, sondern sich eher auf allgemein kognitiv-behaviorale Prozesse bezogen.

Auch Hofmann (2007) geht von einer Diskrepanz zwischen den wahrgenommenen sozialen Standards an die Performanz (hoch) und den eigenen Fähigkeiten (niedrig) aus. Eine Möglichkeit ist es für die Betroffenen, die Erwartungen möglichst niedrig zu halten und bewusst zu versagen, um die positive Bewertung durch andere zu vermeiden (▶ Kap. 5.3.2). Nach Hofmann (2007) ist es für Betroffene schwierig, ihre eigenen Ziele für die Situation zu klären (möglichst guten Eindruck machen vs. keine hohen Erwartungen schüren). Diese Konflikte gepaart mit der eigenen wahrgenommenen Unfähigkeit verstärken die Angst vor sozialen Situationen. Neben diversen Ähnlichkeiten zu den oben beschriebenen Modellen, wie Aufmerksamkeit auf externale Signale (siehe Rapee & Heimberg, 1997) sowie auf die eigene Person (Clark & Wells, 1995), geht Hofmann (2007) davon aus, dass Menschen mit Sozialer Angststörung eine geringe Kontrolle über ihre Emotionen erleben, was sich unter Beobachtung durch andere verstärkt. Somit besteht die Sorge, vor anderen die Kontrolle zu verlieren. Generell sind Wahrnehmungsprozesse das Schlüsselelement des Modells. Eine Kombination von negativer Selbstwahrnehmung, hohen wahrgenommenen sozialen Kosten, geringer wahrgenommener Emotionskontrolle und der eigenen Wahrnehmung negativer sozialer Performanz führt zu Angst und erhöhten Versagenserwartungen. Es schließen sich Sicherheitsverhalten und Vermeidung an, die verhindern, dass maladaptive Gedanken verändert werden. Ähnlich zu den vorherigen Modellen ist post-event processing schließlich der zentrale Mechanismus der Aufrechterhaltung zwischen sozialen Situationen.

Ähnlich zu den Modellen von Clark und Wells (1995) sowie Rapee und Heimberg (1997) liegt auch für das Modell von Hofmann (2007) der Hauptschwerpunkt der Forschung im Erwachsenenalter. Ein für alle Modelle relevanter Mechanismus, das post-event processing (▶ Kap. 5.3.1. *Grübelprozesse nach der sozialen Situation*), wurde in verschiedenen Studien untersucht: Sowohl bei Kindern mit Sozialer Angststörung als auch für Kinder mit erhöhten sozialen Ängsten zeigten sich nach einer sozialen Leistungssituation vermehrt negative Gedanken an diese im Vergleich zu einer nicht-ängstlichen Kontrollgruppe (Schmitz et al., 2010; Schmitz, Krämer & Tuschen-Caffier, 2011). Im Vergleich zu Erwachsenen zeigte sich bei jüngeren Kindern zwischen 8 und 12 Jahren (Schmitz et al., 2010), dass diese auch weniger positive Gedanken an die soziale Situation berichten. Somit scheint ein Unterschied zum Erwachsenenalter zu sein, dass jüngere Kinder noch nicht dazu in der Lage sind, neben vermehrten negativen Kognitionen auch positive Kognitionen zuzulassen (vgl. Alfano, Beidel & Turner, 2002). Nach einer kognitiven Verhaltenstherapie sinken diese Gedanken im Vergleich zu einer nicht behandelten Gruppe von Kindern mit Sozialer Angststörung signifikant ab (Asbrand et al., 2019). Die kognitiven Prozesse nach einer sozialen Situation scheinen somit für Erwachsene wie auch Kinder mit Sozialer Angststörung zentral für die Aufrechterhaltung der Störung sowie eventuell auch die Entstehung dieser.

5.3.4 Zusammenführende Betrachtung kognitiver Faktoren

Die dargestellten Modelle zeigen viele Gemeinsamkeiten wie z. B. verzerrte Kognitionen und Wahrnehmungen und nur wenige Unterschiede wie den Aufmerksamkeitsfokus (Clark und Wells (1995): vorwiegend internal; Rapee und Heimberg (1997): internal und external) oder die Rolle der (wahrgenommenen) sozialen Kompetenz (Hofmann, 2007) (zur zentralen Rolle der sozialen Kompetenz ▶ Kap. 5.5). Es besteht somit eine große Parallelität zwischen den Modellen.

Empirisch ist das Modell von Clark und Wells (1995) für Erwachsene relativ gut belegt, für Kinder und Jugendliche liegt erste Evidenz vor (Hodson et al., 2008; Leigh & Clark, 2018; Schäfer et al., 2012), dass ähnliche Prozesse insbesondere für die Aufrechterhaltung der Sozialen Angststörung relevant sind. Ähnlich zum Modell von Clark und Wells (1995) liegen auch für die Modelle von Rapee und Heimberg (1997) sowie Hofmann (2007) insbesondere empirische Befunde aus dem Erwachsenenalter zur Gültigkeit der Modelle vor (z. B. Heimberg, Brozovich & Rapee, 2014). Forschung zu Kindern und Jugendlichen ist jedoch zentral, um der kognitiven Entwicklung Rechnung zu tragen, die bis zum frühen Erwachsenenalter entscheidend voranschreitet. Studien aus dem Kindes- und Jugendalter betrachten einzelne Faktoren (z. B. van Niekerk et al., 2017), wobei kindspezifische kognitive Modelle weiterhin ausstehen (Halldorsson & Creswell, 2017).

Kognitive Modelle der Sozialen Angststörung umfassen vor allem intrapersonale Faktoren. Dennoch ist gerade die Soziale Angststörung gekennzeichnet von interpersonalen Schwierigkeiten, wie insgesamt weniger und qualitativ nicht zufriedenstellenden Freundschaften (Rodebaugh, 2009). Aus diesem Grund werden im Folgenden interpersonelle Faktoren näher beleuchtet.

5.4 Lernerfahrungen und interpersonelle Faktoren

5.4.1 Eltern

In der Regel stellen Eltern ab Geburt einen stabilen Umgebungsfaktor dar, der für die emotionale und soziale Entwicklung entscheidend ist. Bezüglich der Sozialen Angststörung wurde im Rahmen der Erziehung insbesondere das Ausmaß von Überbehütung und Kontrolle, (fehlender) Wärme und Kritik als entscheidend für die Störung diskutiert (McLeod, Wood & Weisz, 2007). Diese Faktoren klären allerdings nur einen geringen Anteil an Varianz für die sozialen Ängste auf (McLeod et al., 2007). Jedoch ist zu berücksichtigen, dass sich diese Forschungsergebnisse auf verschiedene Angststörungen beziehen, während es nur wenige Studien spezifisch zur Sozialen Angststörung gibt (Asbrand et al., 2017). Möglicherweise sind spezifische Faktoren für die Soziale Angststörung relevant, wie die eigene soziale Ängstlichkeit der Eltern oder die Angst vor negativer Bewertung des Kindes (Schreier & Heinrichs, 2010). Hier können sowohl Prozesse des Modelllernens relevant sein, indem Kinder von den Eltern zurückhaltendes Verhalten in neuen sozialen Situationen lernen (z. B. zeigen sich die Eltern beim Schulfest ebenfalls als schüchtern bzw. gehen vielleicht gar nicht hin). Da Eltern die Ängste des Kindes oft gut verstehen, wenn sie diese von sich selbst kennen, tendieren sie dazu, das Vermeidungsverhalten zu unterstützen oder viel abzunehmen, was wiederum die Angst des Kindes aufrecht erhält sowie die Kognition fördert, dass soziale Umgebungen unberechenbar und gefährlich sind. Neuere Studien beziehen sich zudem auf potenzielle Schutzfaktoren, die Eltern darstellen können, indem sie dem Kind Herausforderungen bieten (Bögels & Phares, 2008; Majdandžić et al., 2017). Diese – ebenfalls aus der allgemeinen Angstforschung stammenden – Konstrukte beschreiben z. B. das Raufen und Spielen, das eher bei Vätern als bei Müttern gesehen wird (Bögels & Phares, 2008). Bislang wurden vor allem die Mütter in der Forschung untersucht; Potenziale der Väter sowohl im Sinne von Schutz- wie auch Risikofaktoren im familiären Setting bieten eine vielversprechende Perspektive. Schließlich ist zudem noch offen, inwiefern elterliches und kindliches Verhalten sich gegenseitig beeinflussen und somit das Erziehungsverhalten eine Folge (sowie ggf. ein aufrechterhaltender Faktor) ist und nicht unbedingt primär ätiologischen Stellenwert hat (▶ Studie).

> **Studie: Kindverhalten ändert Elternverhalten**
>
> In einer australischen Studie (Hudson, Doyle & Gar, 2009) wurden Mütter von Kindern mit und ohne Angststörungen gebeten, mit einem ihnen unbekannten Kind einen Vortrag vorzubereiten. In diesem speziellen Design wurden dafür Mütter mit Kindern gepaart, dessen Diagnostikstatus dem eigenen Kind entsprach (kongruent; z. B. Mutter eines Kindes mit Angststörung bereitet Vortrag mit unbekanntem Kind mit Angststörung vor), sowie mit Kindern des anderen Diagnostikspektrums (inkongruent; z. B. Mutter eines Kindes mit Angststörung bereitet Vortrag mit unbekanntem Kind ohne Angststörung vor). Der erste Durchgang erfolgte in der kongruenten Bedingung, d. h. das Kind hatte in diesem wie das eigene Kind der Mutter eine bzw. keine Angststörung, im zweiten, inkongruenten Durchgang gehörte es zu einer anderen diagnostischen Gruppe. Während dieser Interaktionen waren Mütter überbehütender, wenn das Kind eine Angststörung hatte, im Vergleich zum Umgang mit Kindern ohne Angststörung. Mütter von Kindern mit einer Angststörung wurden als weniger negativ in den Interaktionen mit nicht ängstlichen Kindern im Vergleich zu ängstlichen Kindern eingeschätzt, wobei die Effekte generell sehr gering waren. Interessanterweise scheint somit das Verhalten des Kindes die Überbehütung der Mütter zu evozieren, was Theorien entspricht, dass ängstliches Verhalten Hilfestellungen der Umgebung fördert.

5.4.2 Gleichaltrige

Auch bei Erfahrungen mit Gleichaltrigen bezieht sich die Forschung vor allem auf negative Erlebnisse wie z. B. Bullying-Erfahrungen oder Außenseiterpositionen. Diese werden begünstigt durch kognitive Prozesse (▶ Kap. 5.3), wie die hohen Anforderungen an die eigene Person und daraus resultierendes unsicheres Verhalten, das auch als arrogant und abweisend erlebt wird. Eine niederländische Studie konnten zeigen, dass Gleichaltrige die soziale Performanz von hoch sozial ängstlichen Kindern und Jugendlichen in einer Vortragsaufgabe als weniger gut einschätzten als die Performanz nicht ängstlicher Kinder und Jugendlicher (Miers, Blöte & Westenberg, 2010). Weniger bekannt sind protektive Faktoren aus der Gleichaltrigengruppe: Es deutet sich in nicht-klinischen Studien an, dass Verbindungen zu Gleichaltrigen, positive Erfahrungen aus engen Freundschaften sowie intime Beziehungen im Jugendalter gegen Gefühle von sozialer Angst schützen können (Greca & Harrison, 2005). Dabei sind insbesondere wahrgenommene Qualitäten der engen Bindungen relevant (Zalk & Zalk, 2014).

5.5 Soziale Kompetenzen

Soziale Kompetenz, also z. B. das Halten von Blickkontakt oder Lächeln in der Interaktion, gilt als relevanter Faktor für das Gelingen von sozialer Interaktion. Während einzelne Studien oder Therapieprogramme von Defiziten der Sozialen Kompetenz als zentral für die Soziale Angststörung ausgehen (z. B. Spence et al., 2000), sprechen insbesondere kognitive Modelle (▶ Kap. 5.3, Clark & Wells, 1995; Rapee & Heimberg, 1997) von einer verzerrten Wahrnehmung der eigenen sozialen Kompetenz. Dies bestätigen empirische Studien (Cartwright-Hatton, Hodges & Porter, 2003), die eine geringe Korrelation zwischen fremd- und selbsteingeschätzter sozialer Kompetenz zeigten. Eine weitere Studie konnte zeigen, dass die Selbsteinschätzung insbesondere von der wahrgenommenen Angst in der Situation abhängt (Asbrand, Krämer, Tuschen-Caffier & Schmitz, 2014). Die generelle Annahme eines Kompetenzdefizits birgt das Problem, dass in diesem Fall alle Kinder mit Sozialer Angststörung ein Kompetenztraining erhalten. Dies vermittelt jedoch Kindern, die bereits kompetent sind, noch mehr den Eindruck, dass sie nicht über die notwendigen Fähigkeiten verfügen (Cartwright-Hatton et al., 2003; Cartwright-Hatton, Tschernitz & Gomersall, 2005). Somit ist eine ausführliche Diagnostik inklusive einer Verhaltensbeobachtung notwendig, um vorhandene bzw. mangelnde Kompetenzen zu erkennen. Schließlich ist insbesondere die wahrgenommene, mangelnde soziale Kompetenz ein relevanter Faktor für die Aufrechterhaltung der Sozialen Angststörung.

5.6 Emotionsregulation

Emotionsregulation umfasst alle bewussten und unbewussten Prozesse, die beeinflussen, welche Emotionen wie und wann erlebt und ausgedrückt werden. Somit besteht sowohl die Möglichkeit, emotionales Erleben zu intensivieren oder abzuschwächen (Gross & Feldman Barrett, 2011). Das Konzept der Emotionsregulation erfuhr in den letzten 15 Jahren eine verstärkte Beachtung in der Psychologie als sogenannter transdiagnostischer Faktor, das heißt, es besteht die Annahme, dass die meisten oder sogar alle psychischen Störungen mit Defiziten in der Emotionsregulation einhergehen. Viele Modelle gehen darüber hinaus davon aus, dass die Emotionsregulation sogar ein ätiologischer Faktor für psychopathologische Symptome ist (z. B. Morris, Silk, Steinberg, Myers & Robinson, 2007). Die Fähigkeit, Emotionen adaptiv zu regulieren, wird im Laufe der Kindheit und Jugend erworben. Neben der Untersuchung grundlegender Emotionsregulationsdefizite bei Kindern und Jugendlichen mit psychischen Störungen, sind somit auch die parallele Betrachtung der Eltern sowie deren Umgang mit den Emotionen des Kindes relevant. So wird davon ausgegangen, dass Eltern über die Regulation der eigenen Emotionen als Modell für ihre Kinder dienen sowie dass die Eltern in ihrer Art der Reaktion auf die Emotion des Kindes mitbestimmen, welche Strategien das Kind zur Emotionsregulation entwickelt (Eisenberg et al., 1999). Neben der inhaltlichen Einteilung von bestimmten Strategien wie z. B. Rumination oder Vermeidung als maladaptiv (z. B. Aldao, Nolen-Hoeksema & Schweizer, 2010) gibt es Bestrebungen, eine flexible Handhabung verschiedener Strategien als besonders gesundheitsförderlich zu betrachten (Cole, Martin & Dennis, 2014).

Speziell für die Soziale Angststörung konnte neben einem vermehrten Bericht maladaptiver Emotionsregulation im Vergleich zu Kindern ohne Angststörung ein Zusammenhang zwischen der mütterlichen und kindlichen maladaptiven Emotionsregulation gezeigt werden (Asbrand et al., 2016). Eine weitere Studie konnte dies nicht replizieren, zeigte jedoch, dass Kinder mit Sozialer Angststörung ähnliche Emotionsregulationsstrategien wie Kinder mit anderen Ängsten verwenden (Keil, Asbrand, Tuschen-Caffier & Schmitz, 2017). Eine große Studie mit Jugendlichen aus der Allgemeinbevölkerung zeigte deutlich den Zusammenhang von erhöhter sozialer Angst und maladaptiver Emotionsregulation (insbesondere zurückhaltender Ausdruck von Emotionen sowie erhöhte Rumination; (Klemanski, Curtiss, McLaughlin & Nolen-Hoeksema, 2017). Die Autor*innen leiten daraus die Annahme ab, dass bereits vor dem Vorliegen des Vollbilds der Sozialen Angststörung Emotionsregulationsdefizite bestehen und diese den Störungsbeginn fördern. Emotionsregulation hat somit das Potenzial, als sowohl bewusster (in diesem Sinne kognitiver) wie auch unbewusster Prozess das verbindende Glied zwischen biologischen und psychologischen Faktoren in der Ätiologie darzustellen.

5.7 Zusammenfassende Betrachtung

Ähnlich wie bei anderen psychischen Störungen gilt als beste Erklärung für die Ätiologie ein biopsychosoziales Modell, welches sowohl genetisch und biologisch bedingte Risikofaktoren wie auch individuelle Einflüsse und familiäre Bedingungen berücksichtigt (vgl. Spence & Rapee, 2016; Wong & Rapee, 2016). Die folgende Abbildung (▶ Abb. 5.1) fasst die hier ausgeführten Faktoren in einem allgemeinen Modell zusammen, das für alle Patient*innen als Grundlage, jedoch nicht allumfassendes Modell dient.

Emotionsregulation wird in diesem Fall als Bindeglied zwischen genetischen bzw. biologischen Risikofaktoren und sozialen bzw. individuellen Risikofaktoren betrachtet, da eine erhöhte Grunderregung erhöhte Anforderungen an Individuum und System stellt, diese zu regulieren. Die sozialen und individuellen Risikofaktoren können als sich gegenseitig aufrechterhaltendes System verstanden werden und stehen somit nach den Erklärungen zu Beginn sowohl für Ätiologie wie auch für Aufrechterhaltung.

5 Störungstheorien und -modelle

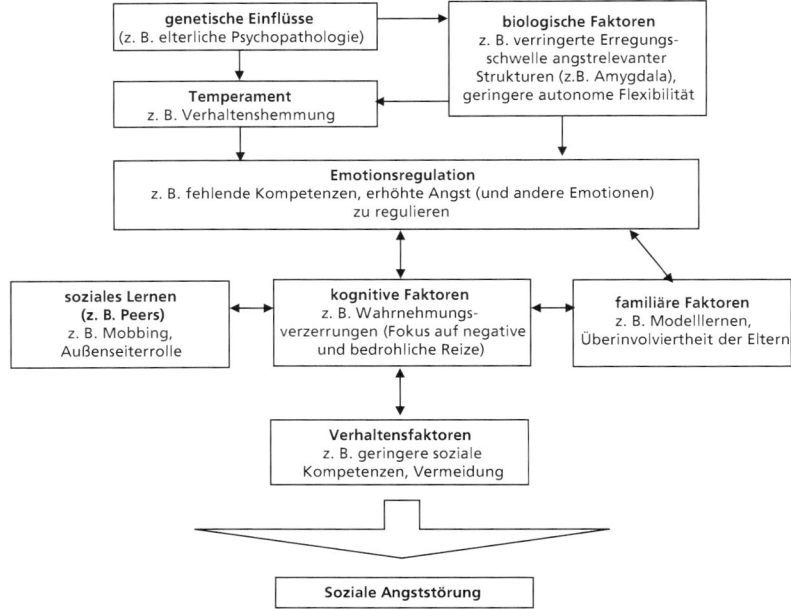

Abb. 5.1: Integration der aktuellen Befunde in einem biopsychosozialen Modell für die Entstehung und Aufrechterhaltung einer Sozialen Angststörung.

Beachtet werden sollte für die Soziale Angststörung im Kindes- und Jugendalter, dass nur wenige Studien mehrere ätiologisch relevante Faktoren und deren Zusammenhänge untersuchen. Zudem werden viele Studien mit Kindern mit verschiedenen Angststörungen und nicht mit der Sozialen Angststörung im Fokus durchgeführt (z. B. Hudson & Rapee, 2001), sodass auch das abschließende Modell an dieser Stelle potenziell über die Soziale Angststörung hinaus gültig sein kann. Die Forschung zu ätiologischen und aufrechterhaltenden Faktoren der Sozialen Angststörung ist aktuell weiterhin ein hochaktuelles Thema, sodass das vorliegende Modell vorläufig den aktuellen Wissensstand widerspiegelt. Es gilt somit für dieses Modell, dass manche Faktoren als besser belegt (z. B. Elterneinflüsse, z. B. McLeod et al., 2007) und manche Faktoren als weniger gut belegt einzuschätzen sind (z. B. Physiologie, z. B. Siess et al., 2014).

5.8 Anwendung eines Störungsmodells auf das Fallbeispiel

Störungsmodelle sollten im Sinne des geleiteten Entdeckens gemeinsam erarbeitet werden. Im Folgenden wird daher der Abschluss der Psychoedukation mit der Zusammenfassung durch den*die Therapeut*in geschildert.

5.8.1 Psychoedukation mit Kind

Lisa, neun Jahre (▶ Kap. 5, *Fallbeispiel*)
»Wir haben ja bereits darüber gesprochen, dass viele Kinder Ängste haben und diese ganz verschiedene Ursachen haben können. Dein Papa hat ja auch erzählt, dass er ängstlich ist und z. B. nicht so gerne Vorträge hält [*biologische Faktoren und genetische Einflüsse*]. Manchmal guckt man sich dann auch ein bisschen ab, wie die Eltern mit Situationen umgehen, die einem Angst machen [*familiäre Faktoren; Modelllernen*]. Ganz am Anfang haben wir darüber gesprochen, dass du auch im Kindergarten schon eher schüchtern und zurückhaltend warst. Vermutlich ist es also schon seit deiner Geburt so, dass du eher ein bisschen ängstlich und zurückhaltend bist [*Temperament*]. Wenn man mehr Angst hat, ist es für viele Kinder schwierig, diese große Angst unter Kontrolle zu bekommen. Das scheint dann so, als würde sie einen komplett überwältigen. Das ist ein bisschen wie wenn man nach Frankreich in den Urlaub fährt und nicht viel Französisch spricht. Dann steht man erst einmal da und versteht gar nichts. Wichtig ist da aber, dass man bei Angst – wie bei Französisch auch – lernen kann, wie man an die Situationen herangeht [*Emotionsregulation*]. Wir haben auch darüber gesprochen, dass du neue Situationen mit anderen Kindern oft ganz schnell so wahrnimmst, dass da etwas Schlimmes passieren könnte, und dich z. B. jemand auslachen könnte [*kognitive Faktoren*]. Wenn du so einen Gedanken hast, ist es gut verständlich, dass du dich eher zurückziehst und irgendwann gar nicht mehr mit anderen sprechen magst [*Verhaltensfaktoren*]. Gleichzeitig macht das aber auch die Angst schlimmer, weil es immer schwieriger wird, z. B. in einen neuen Verein zu gehen, und du gar nicht die Erfahrung machen kannst, dass die Befürchtung gar nicht eintritt. Auch kommt dazu, dass es schwierig ist, wenn man mal blöde Erfahrungen gemacht hat, wie du mit deinem neuen Klassenlehrer [*soziales Lernen*]. Auch das verstärkt die Angst. Du siehst also, dass es nicht nur einen Grund für Angst gibt, sondern ganz viele. Und diese Gründe können auch bei verschiedenen Kindern ganz unterschiedlich sein. Wichtig ist, dass wir uns alles ganz genau anschauen und gemeinsam überlegen, wo wir vielleicht etwas verändern können, sodass die Angst weniger wird.«

5.8.2 Psychoedukation mit Eltern

Lisa, neun Jahre (▶ Kap. 5, *Fallbeispiel*)
»Wir haben gemeinsam erarbeitet, dass es nicht nur eine, sondern immer viele Ursachen dafür gibt, dass Ängste entstehen und bestehen bleiben. Ein wichtiger Faktor sind immer genetische und biologische Risikofaktoren. So haben Sie, Herr R., berichtet, dass Sie ebenfalls eher ängstlich sind und z. B. nicht gerne Vorträge halten [*biologische Faktoren und genetische Einflüsse*]. Wenn es einem selbst nicht so leicht fällt, auf andere zuzugehen, schauen sich dies die Kinder oft etwas ab, das passiert ganz automatisch [*Modelllernen*]. Dazu zeigte sich auch bei Lisa schon früh, dass sie eher schüchtern und zurückhaltend ist [*Temperament*]. Wenn ein Kind nun also eher mehr Angst hat als andere Kinder, ist es oft schwierig für das Kind und die Eltern, diese Angst unter Kontrolle zu bekommen. Auch das ist gut nachvollziehbar: Wenn mich etwas überrollt, muss ich ganz schnell ganz effektive Strategien zur Hand haben, um damit umzugehen. Das ist also ein wichtiger Ansatzpunkt, hier Strategien zu lernen [*Emotionsregulation*]. Wir haben auch darüber gesprochen, dass Lisa vor neuen Situationen mit anderen Kindern oft schnell denkt, dass etwas Schlimmes passieren könnte, und sie z. B. jemand auslachen könnte [*kognitive Faktoren*]. Wenn sie solch einen Gedanken hat, ist es natürlich verständlich, dass sie sich eher zurückzieht und diese Situationen vermeidet [*Verhaltensfaktoren*]. Gleichzeitig verstärkt sich die Angst dadurch jedoch, weil es immer schwieriger wird, neue Situationen mit anderen Kindern aufzusuchen. Lisa hat zudem negative Erfahrungen mit anderen gemacht, wie mit ihrem Klassenlehrer [*soziales Lernen*], was ebenfalls die Angst verstärkt. Es gibt somit sehr viele, sehr gute Gründe für die Angst. Wichtig ist, dass wir uns diese für Lisa ganz spezifisch angeschaut haben und nun gemeinsam überlegen können, welche Punkte eventuell veränderbar sind, sodass die Angst weniger wird.«

5.9 Überprüfung der Lernziele

- Welche Faktoren sind für die Erklärung der Sozialen Angststörung im Kindesalter insbesondere relevant?
- Wie schätzen Sie die Evidenz der einzelnen Faktoren ein?
- Leiten Sie basierend auf den kognitiven Modellen beispielhaft ein Erklärungsmodell für Patient*innen ab.

6 Psychotherapie

Fallbeispiel

Der 12 Jahre alte Markus wird psychotherapeutisch wegen anhaltender sozialer Ängste behandelt. Der Vater berichtet, dass sein Sohn unter »Ängsten in sozialen Situationen« leide. So habe er starke Angst, auf andere Kinder und Jugendliche, aber auch Erwachsene zuzugehen und Kontakt zu suchen. Er befürchte, dass andere Personen ihn nicht leiden könnten und ihn auslachen. Aufgrund dieser Befürchtungen vermeide er es, auf andere Menschen, die ihm unbekannt seien, zuzugehen. Der Patient verbringe sehr viel Zeit allein oder mit seinen Eltern und habe ein sehr enges Verhältnis zu ihnen. Die Ängste bestünden seit ca. zwei Jahren in ausgeprägter Form. Auch vor sozialen Leistungssituationen habe der Patient starke Angst und die Befürchtung, sich zu blamieren. Vortragssituationen in der Schule könne er nur mit vorherigem stundenlangem Üben meistern. Neben den Ängsten sei der Patient seit mehreren Jahren das Ziel von verbalen und körperlichen Aggressionen von Mitschüler*innen, worunter er sehr leide und sich dringend Hilfe wünsche. Der Patient bricht in Tränen aus, als er im Erstgespräch davon berichtet. Der Patient habe derzeit nur wenige Freundschaften und es falle ihm schwer, sich sozial zu integrieren. Weiterhin sei es für ihn schwierig, soziale Situationen angemessen wahrzunehmen. So begebe er sich von sich aus immer wieder in konflikthafte Situationen und reagiere beispielsweise auf Provokationen von anderen Gleichaltrigen teilweise selbst mit aggressivem Verhalten.

Als therapeutische Ziele werden der Abbau der sozialen Ängste, ein Selbstwertaufbau und die Verbesserung der sozialen Integration vereinbart. Therapeutische Ziele für die Eltern sind die Unterstützung des Patienten im Abbau von Vermeidungsverhalten und die Verminderung von überbehütendem Verhalten.

Zu Beginn der Therapie erfolgt eine Psychoedukation der Familie zum Thema Soziale Angststörung und die Erarbeitung eines individuellen Störungsmodells. Sowohl der Patient als auch seine Eltern sind störungs- und behandlungseinsichtig. Dem Patienten fällt es anfangs schwer, sozialängstliche Kognitionen bei sich zu benennen. Durch die Erarbeitung der Spaltentechnik und Selbstbeobachtung des Patienten in seinem Alltag gelingt es ihm, seine Reaktionen in gefürchteten Situationen besser zu verstehen und einzuschätzen. Ungünstige Kognitionen (z. B.: »Wenn ich mich bei einem Referat verspreche, denken alle, ich bin dumm«) kann er mithilfe kognitiver Rollenspiele, in denen er erst die Rolle der Angst und dann die eines Mut-Tieres übernimmt, langsam umstrukturieren (z. B.: »Auch andere versprechen sich mal, das bedeutet nicht, dass ich dumm bin«). Zum Transfer der kognitiven Interventionen in den Alltag erstellt der Patient kleine Karten, auf denen er sich positive Gedanken aufschreibt und mit in soziale Situationen in seinem Alltag nimmt. Anamnestisch und im Verlauf der Therapie ergeben sich Hinweise darauf, dass der Patient sich in sozialen Situationen wiederholt ungeschickt verhält (z. B. andere Kinder bei deren Fehlverhalten bei der Klassenlehrerin anschwärzt) und somit unter anderem negative soziale Erfahrungen begünstigt. In der Therapie wird zur Verbesserung seiner sozialen Wahrnehmung ein soziales Kompetenz- und Wahrnehmungstraining anhand von Rollenspielen und sozialen Situationskarten durchgeführt.

Nach der Erarbeitung eines Therapierationals werden mit dem Patienten Konfrontationsübungen in vivo durchgeführt, erst im therapeutischen Rollenspiel und dann in Außenexpositionen. Markus führt beispielsweise wiederholt auf der Straße Umfragen mit Passant*innen zu verschiedenen Themen durch und erlebt mit zunehmenden Wiederholungen einen deutlichen Angstabfall. Dabei macht er neben dem Angstabfall auch die Erfahrung, dass seine sozialängstlichen Befürchtungen, z. B. dass andere Menschen seine Fragen nicht beantworten werden, nicht eintreten. Es gelingt dem Patienten zudem immer besser, negative soziale Erlebnisse funktionaler zu interpretieren und zu bewerten, wie z. B. mit vereinzelten Lachern bei mündlichen Meldungen in der Schule umzugehen. Es gelingt ihm im Verlauf auch, Sicherheitsverhaltensweisen wie das Üben vor sozialen Situationen zu reduzieren.

Mit Markus' Eltern werden aufrechterhaltende Faktoren für die Ängste ihres Sohnes, wie das Anbieten von alternativen Freizeitbeschäftigungen (z. B. gemeinsames Kochen oder Spazierengehen mit den Eltern) bei Vermeidung von Aktivitäten mit Gleichaltrigen, besprochen. Im Verlauf der Therapie gelingt es den Eltern, ihren Sohn in angemessene Freizeitaktivitäten mit anderen Kindern, wie den Besuch einer Pfadfindergruppe, einzubinden und selbst weniger überbehütendes Verhalten zu zeigen.

Die Kognitive Verhaltenstherapie wird nach insgesamt 55 Sitzungen mit einer deutlichen Remission der sozialen Ängste und neuen Freundschaften des Patienten zu Gleichaltrigen beendet.

Lernziele

- Sie wissen, wie ein typischer Psychotherapieantrag für ein Kind mit einer Sozialen Angststörung gestaltet ist.
- Sie können das therapeutische Vorgehen beschreiben (Diagnostik, Indikation, Psychoedukation, kognitive Arbeit, Exposition, multidisziplinäres Vorgehen).
- Sie kennen wichtige Behandlungsmanuale.
- Sie kennen Stolpersteine und schwierige Therapiesituationen und wissen, wie man mit diesen umgehen kann.

6.1 Beispielantrag für ein Kind mit einer Sozialen Angststörung

1. Relevante soziodemografische Daten

Der 12-jährige Patient lebt mit seinen Eltern im elterlichen Wohnhaus und besucht die 7. Klasse eines örtlichen Gymnasiums. Die Kindsmutter (+29J) und der Kindsvater (+36J) seien beide Ärzte, es gebe keine Geschwister. Der Kindsvater sei selbstständig und arbeite in eigener Praxis im Erdgeschoss des Wohnhauses.

2. Symptomatik und psychischer Befund

Der 12;4 Jahre alte Patient kommt mit seinem Vater zum Erstgespräch. Der Vater berichtet, dass sein Sohn unter »Ängsten in sozialen Situationen« leide. So habe er starke Angst, auf andere Kinder und Jugendliche, aber auch Erwachsene zuzugehen und Kontakt zu suchen. Er befürchte, dass andere Personen ihn nicht leiden könnten und ihn auslachten. Aufgrund dieser Befürchtungen vermeide er es, auf andere Menschen, die ihm unbekannt seien, zuzugehen. Der Patient verbringe sehr viel Zeit allein oder mit seinen Eltern und habe ein sehr enges Verhältnis zu ihnen. Die Ängste bestünden seit ca. zwei Jahren in ausgeprägter Form. Auch vor sozialen Leistungssituationen habe der Patient starke Angst und die Befürchtung, sich zu blamieren. Vortragssituationen in der Schule könne er nur mit vorherigem stundenlangem Üben meistern. Neben den Ängsten sei der Patient seit mehreren Jahren immer das Ziel von verbalen und körperlichen Aggressionen von Mitschülern, worunter er sehr leide und wofür er sich dringend Hilfe wünsche. Der Patient bricht in Tränen aus, als er im Erstgespräch davon berichtet. Der Patient habe derzeit nur wenige Freundschaften und es falle ihm schwer, sich sozial zu integrieren. Weiterhin sei es für ihn schwierig, soziale Situationen angemessen wahrzunehmen. So begebe er sich immer wieder in konflikthafte Situationen und reagiere beispielsweise auf Provokationen von anderen Gleichaltrigen teilweise selbst mit aggressivem Verhalten.

12;4-jähriger leicht übergewichtiger Junge. Im Kontakt schüchtern und zurückhaltend, krankheits- und behandlungseinsichtig. Wach, bewusstseinsklar und allseits orientiert. Kein Anhalt für Gedächtnisstörungen. Kein Hinweis auf Sinnestäuschungen, Wahn oder Ich-Störungen. Formalgedanklich leichtes Grübeln über soziale Situationen. Inhaltliche Denkstörungen im Sinne stark ausgeprägter sozialer Ängste. Affekt im Gespräch gedrückt mit verminderter Schwingungsfähigkeit und Weinen. Anamnestisch Phasen von sozialem Rückzug. Psychomotorisch ruhig Anamnestisch Hinweise auf leichte Schlafstörungen im Zusammenhang mit sozialen Situationen. Appetit unauffällig. Kein Bericht über circadiane Besonderheiten. Kein Anhalt für akute Eigen- und Fremdgefährdung.

Ein strukturiertes Interview zur Erfassung der psychopathologischen Symptomatik (Kinder-DIPS) ergibt sowohl in der Auskunft der Kindsmutter als auch des Kindes eine soziale Phobie. Die Kindsmutter ergänzt, dass Markus früher häufig durch Alpträume aufgewacht sei. Weitere internalisierende und externalisierende Auffälligkeiten werden aktuell und in der Vergangenheit verneint. Die Krankheitseinsicht des Kindes und der Eltern liegt vor.

Depressionsinventar (DIKJ): PR = 60,8; *Angstfragebogen (PHOKI):* Angst vor Gefahren und Tod: PR = 61–77; Trennungsängste: PR = 61–77; Soziale Ängste: PR = 97–100; Angst vor Bedrohlichem und Unheimlichem: PR = 78–89; Tierphobien: PR = 61–77; Angst vor medizinischen Eingriffen: PR = 61–77 ; Schul- und Leistungsängste: PR = 97–100; Gesamtskala: PR = 78–89; *Soziale Phobie Fragebogen (SPAIK):* PR = 91–95; *Kognitive Gesamtbegabung (K-ABC):* IQ = 120; *Elternfragebogen (CBCL; Klinisch Auffällige Skalen):* Sozialer Rückzug: PR = 95; Ängstlich-Depressiv: PR = 99; Soziale Probleme: PR = 99

Ein mehrdimensionaler Intelligenztest (WISC-IV) erbrachte eine kognitive Gesamtbegabung im überdurchschnittlichen Bereich. Die Ergebnisse der Bereiche Sprachverständnis und Arbeitsgedächtnis liegen im oberen Normalbereich, Wahrnehmungsgebundenes Logisches Denken im überdurchschnittlichen Bereich sowie Verarbeitungsgeschwindigkeit im leicht überdurchschnittlichen Bereich.

3. Somatischer Befund und Konsiliarbericht

Ausgeprägte Ängste in sozialen Situationen. Kein Anhalt für somatische Erkrankungen oder Ursachen. Kinder- und jugendpsychiatrische Mitbehandlung nicht notwendig.

4. Behandlungsrelevante Angaben zur Lebensgeschichte

Eigenanamnese

Erste, unauffällige Schwangerschaft der Kindsmutter. Die motorische und sprachliche Entwicklung in den ersten Lebensjahren sei unauffällig gewesen. Der Patient habe mit 12 Monaten laufen können und habe früh begonnen zu sprechen. Die Sauberkeitserziehung sei mit vier Jahren abgeschlossen gewesen. Die Integration in einen Kindergarten sei im Alter von drei Jahren problemlos erfolgt. Dort sei der Patient ein schüchternes und zurückhaltendes Kind gewesen und habe viel allein gespielt. Die Einschulung in die Grundschule sei mit sechs Jahren erfolgt; dort habe er drei gute Freunde gehabt. Zu Beginn der vierten Klasse sei er zunehmend durch körperliche Aggressionen anderer Kinder ausgegrenzt worden. Es habe daher immer wieder Kontakt zwischen den Eltern und der Schule gegeben, im Zuge dessen eine vorübergehende Verbesserung eingetreten sei. In seiner Freizeit bastle und male der Patient gerne und verbringe viel Zeit mit Playstation spielen. Er sei zudem in einem Tischtennisverein, dort habe er jedoch hauptsächlich Kontakt zu jüngeren Kindern. Er habe derzeit einen Freund, besuche aktuell die 7. Klasse eines Gymnasiums und habe durchschnittliche Noten.

Familienanamnese

In der Familie des Kindsvaters habe es Alkoholerkrankungen und Depressionen geben. Darüber hinaus seien weder väter- noch mütterlicherseits familiäre Vorerkrankungen bekannt. Jedoch sei der Vater der Kindesmutter »ein Einzelgänger« gewesen und habe wenig soziale Kontakte gehabt. Angststörungen in der Familienanamnese werden verneint. Zwischen den Kindseltern und dem Patienten bestehe ein sehr enges Verhältnis und es gebe viele gemeinsame Aktivitäten, wie den regelmäßigen gemeinsamen Besuch eines Sportstudios. Die Eltern berichten, sie seien sozial gut integriert und es bestünden regelmäßige Kontakte zu Freund*innen oder anderen Familienangehörigen.

Makroanalyse

Bei dem Patienten liegen aufgrund biografischer Informationen Hinweise auf das Vorliegen eines ängstlichen Temperaments vor, das möglicherweise die Entwicklung der Angststörung begünstigt hat. Dies wird auch dadurch unterstützt, dass der Vater von depressiven Erkrankungen aus seiner Familie berichtet und eine mögliche genetische Disposition für internalisierende Störungen vorliegt. Eine Vermeidung von sozialen Situationen hat zu Defiziten in seinen sozialen Kompetenzen geführt, die wiederum Bullying in der Schule und eine daraus folgende hohe Stressbelastung begünstigt haben. Aufgrund von anhaltenden sozialen Misserfolgserlebnissen hat sich beim Patienten ein niedriger Selbstwert entwickelt. Die Entwicklung der vorliegenden Symptomatik wurde weiterhin dadurch verstärkt, dass die Eltern des Patienten das Vermeidungsverhalten und den sozialen Rückzug toleriert haben. Der überbehütende Erziehungsstil der Eltern führt weiterhin zu einer Aufrechterhaltung der Angstsymptomatik, da Eigenständigkeit und Konfrontation mit angstbesetzten Situationen verhindert werden.

Betrachtet man das symptomatische Verhalten des Patienten unter verhaltensanalytischen Gesichtspunkten, so lässt es sich insbesondere als operant konditioniert beschreiben. In der Folge vermeidet der Patient viele Situationen und erfährt somit regelmäßig die positive Konsequenz, dass er Aufmerksamkeit z. B. durch die Kindsmutter erfährt sowie ein akutes Nachlassen der Angst (negative Verstärkung).

Mikroanalyse

S: Der Patient steht allein auf dem Schulhof
O: Ängstliches Temperament; niedriger Selbstwert; verminderte soziale Kompetenzen/soziale Einsichtsfähigkeit; Stressbelastung durch Bullying; genetische Prädisposition
R_{kog}: »Andere mögen mich nicht und werden mich auslachen.«
R_{physio}: Herzklopfen; Anspannungsgefühl
R_{emo}: »Angst« »Unwohlsein«; »innerer Druck«.
R_{mot}: Vermeidung sozialer Interaktionen mit Mitschülern

C$_{kurzfristig}$: Spannungs-/Angstreduktion (C⁻); fehlende Teilnahme an sozialen Aktivitäten (C⁺); Zuwendung von den Eltern (C⁺)

C$_{langfristig}$: Verfestigung und Generalisierung der Ängste/Sorgen (C⁻); soziale Isolation von Gleichaltrigen (C⁻); Verschlechterung sozialer Kompetenzen (C⁻).

5. Diagnose zum Zeitpunkt der Antragstellung entsprechend MAS Klassifikation

- 1. Achse: Soziale Phobie (ICD-10: F40.1)
- 2. Achse: leer
- 3. Achse: hohe Intelligenz
- 4. Achse: leer
- 5. Achse: -
- 6. Achse: 5 – ernsthafte soziale Beeinträchtigung in den meisten Bereichen

6. Therapieziele und Prognose

Patient

1. Abbau der sozialen Ängste
2. Selbstwertaufbau
3. Aufbau sozialer Kompetenzen und sozialer Einsichtsfähigkeit
4. Förderung der sozialen Integration und Bewältigung von sozialen Konfliktsituationen

Eltern

1. Etablierung einer co-therapeutischen Rolle
2. Reduktion des überbehütenden Erziehungsstils

Prognose: Positiv für den Erfolg einer Therapie ist zu bewerten, dass der Patient behandlungseinsichtig und motiviert ist. Zudem hat sich bereits in der Probatorik eine tragfähige therapeutische Beziehung zwischen dem Patienten und dem Behandler entwickelt. Kritisch zu bewerten sind der überbehütende Erziehungsstil der Eltern und möglicherweise der Krankheitsgewinn der Eltern aus der Störung in Form einer engen Eltern-Kind-Beziehung.

7. Behandlungsplan

zu 1:   Psychoedukation zu sozialer Angst (z. B. Einführen des verhaltenstherapeutischen Therapierationals).
Selbstbeobachtung (z. B. Angstprotokoll), um angstauslösende Situationen des Patienten für die weitere Behandlungsplanung zu sammeln (z. B. ko-

gnitive Interventionen und Angsthierarchie).
Erarbeitung eines individuellen Störungsmodells zum Aufbau von Behandlungseinsicht und Kontrollerleben.
Kognitive Interventionen (z. B. Identifikation von Angstgedanken; Erarbeitung von Mutgedanken; Erstellen von Selbstinstruktionskarten), um die dysfunktionale kognitive Verarbeitung im Kontext sozialer Situationen abzubauen.
Abbau von Sicherheitsverhaltensweisen (z. B. exzessives Üben vor sozialen Situationen) zur Exposition von angstbesetzten Situationen (in-sensu und in-vivo), um Habituationserfahrungen und positive soziale Lernerfahrungen zu ermöglichen.

zu 2: Erarbeitung von persönlichen Stärken und Schwächen, um den negativen Selbstwert des Patienten zu verbessern.
Aufbau positiver Aktivitäten.

zu 3: Strukturelle Betrachtung von sozialen Situationen, um soziale Einsichtsfähigkeit zu verbessern, die wiederholt zu sozial ungeschicktem Verhalten des Patienten führt sowie Durchführung von Empathie-Übungen (z. B. über Bildgeschichten).
Erarbeitung von sozial-kompetenten Verhaltensweisen, um sozial kompetentes Verhalten aufzubauen und damit die Grundlage für die Verbesserung der sozialen Integration zu schaffen, sowie das Üben sozialer Situationen im Rollenspiel und Verhaltensübungen in Außenübungen (z. B. im Geschäft nach etwas fragen), um eine Generalisierung des positiven Verhaltens zu erreichen.

zu 4: Erarbeitung von Strategien zum Umgang mit sozialen Konfliktsituationen (z. B. direktes Ansprechen von aggressivem Verhalten).
Aufbau von altersentsprechenden Freizeitaktivitäten (z. B. Integration in eine Jugendgruppe), um die sozialen Kontakte des Patienten zu verbessern und den Affekt des Patienten über Aktivitäten mit positiver Valenz zu stabilisieren.

zu 5: Psychoedukation zu sozialer Angst (z. B. Erarbeitung eines Modells der Aufrechterhaltung), um das elterliche Verständnis für die Störung herzustellen und ungünstige elterliche Verhaltensweisen abzubauen.
Unterstützung der Eltern bei der Umsetzung von konfrontativen Übungen beispielsweise durch die Erarbeitung von positiven Konsequenzen.

zu 6: Erarbeitung von Entwicklungsaufgaben mit den Eltern für ihren Sohn (z. B. zunehmende Eigenständigkeit im Übergang zur Pubertät), um die wichtige Bedeutung von Autonomie von den Eltern zu verdeutlichen.
Erarbeitung von Folgen des derzeitigen Interaktionsverhaltens (Aufrechterhaltung durch Überbehütung).
Beratung der Eltern zum Umgang mit sozialen Konfliktsituationen in der Schule (z. B. Kontakt zu Vertrauenslehrer*innen und der schulpsychologischen Beratungsstelle).

Es werden insgesamt 60 Einzelsitzungen mit dem Patienten und 15 Bezugspersonenstunden beantragt.

6.2 Therapieziele und Behandlungsplanung

Wie im Behandlungsplan des dargestellten Patienten ersichtlich, sollten zu Beginn der Therapie und für den Psychotherapieantrag klare Therapieziele formuliert werden (Hawley & Weisz, 2003). Diese beziehen sich natürlicherweise in erster Linie auf die Reduktion der sozialen Ängste und die Primärsymptomatik der Sozialen Angststörung. Für die Therapieplanung muss jedoch konkretisiert werden, welche Faktoren für den*die jeweiligen Patient*in dazu in den therapeutischen Fokus genommen werden müssen. Einerseits werden für die Behandlung typische Behandlungsbausteine wie Psychoedukation, kognitive Vorbereitung und kognitive Umstrukturierung aufgenommen, gegebenenfalls weiterhin der Aufbau von sozialen Kompetenzen und die Exposition mit sozialen Situationen (▶ Kap. 6.3.1–6.3.8 zu Therapiebausteinen). Neben diesen Behandlungsteilen, welche dem Therapieziel »Reduktion sozialer Ängste« dienen, müssen je nach Einzelfall noch weitere Therapieziele und Behandlungsteile aufgenommen werden, welche für die Aufrechterhaltung der Symptomatik eine zentrale Rolle spielen. Dies kann die Mitbehandlung von komorbiden Störungen (z. B. depressiven Störungen) sein, aber auch andere aufrechterhaltende Elemente, welche den Therapieerfolg der*des Patient*in negativ beeinflussen. So können Faktoren wie überbehütendes Elternverhalten, ein niedriger Selbstwert, altersunangemessene Freizeitaktivitäten oder eine ausgeprägte psychische Erkrankung eines Elternteils behandlungsbedürftig sein. Im letzteren Fall wäre beispielsweise die Vermittlung des Elternteils in eine eigene Psychotherapie ein wichtiges therapeutisches Ziel.

Neben diesen Zielen, welche für die therapeutische Arbeit und die Behandlungsplanung formuliert werden sollten, ist es sehr sinnvoll, mit den Patient*innen und Bezugspersonen gesonderte Ziele zu erarbeiten, welche in der Psychotherapie erreicht werden sollen (Walter, Rademacher, Schürmann & Döpfner, 2007). Diese sind in der Regel deckungsgleich mit den Therapiezielen aus dem Behandlungsplan bzw. Therapieantrag, sollten jedoch möglichst konkret und weniger zahlreich sein. Erfahrungsgemäß bietet es sich an, zu Beginn der Therapie gemeinsam mit Patient*innen und Bezugspersonen ca. drei bis maximal fünf Therapieziele zu formulieren. Bei dem Erstellen dieser Ziele sollte darauf geachtet werden, dass die Ziele konkret und überprüfbar gehalten werden. Formulierungen wie »Mir soll es besser gehen« oder »Ich will keine Angst mehr haben« sind zwar legitime Anliegen der Patient*innen, können jedoch im Laufe der Behandlung schlecht dahingehend überprüft werden, ob sie bereits teilweise oder ganz erreicht wurden. Hier bietet sich die Frage an, woran die Patient*innen oder Familien merken würden, dass die Ängste geringer geworden sind (z. B. der*die Patient*in besucht eine neue Freizeitgruppe oder schafft es, sich im Unterricht zu melden). Bei der Formulierung der Therapieziele müssen neben den Zielen der Patient*innen und der Bezugspersonen auch Ziele formuliert werden, die aus therapeutischer bzw. klinischer Perspektive wichtig sind. Formulieren beispielsweise Patient*innen und Eltern Ziele, die für die Behandlung der Störung nicht zentral sind (z. B. bessere Noten in der Schule), so sollten diese therapeutisch reflektiert und um weitere Ziele ergänzt werden (z. B. Vermeidungsverhalten abbauen). Insbesondere bei einer Sozialen Angststörung im Jugendalter muss bei der Festlegung der therapeutischen Ziele die Autonomie der jugendlichen Patient*innen beachtet werden. In diesem Altersbereich ist es wichtig, dass die Ziele des Patienten*der Patientin ein höheres Gewicht erhalten als mögliche abweichende Ziele der Eltern.

Der Zeitpunkt für das Formulieren der Behandlungsziele ist in der Regel nach Abschluss der Diagnostikphase bzw. im ambulanten Setting nach Sprechstunde und Probatorik. An dieser Stelle muss auch, wenn sich der Bedarf einer Langzeittherapie abzeichnet, der Psychotherapieantrag verfasst werden. Therapeutische Ziele können sich jedoch im Verlauf der Therapie ändern. Auf der einen Seite kann es Patient*innen und Eltern mit zunehmendem Störungsverständnis leichter fallen, eigene angemessene Ziele zu formulieren (z. B. Eltern erleben, in welchen Situationen sie Vermeidungsverhalten unbeabsichtigt unterstützen). Auf der anderen Seite ergeben sich auch innerhalb der Therapie fortlaufend neue Erkenntnisse welche die therapeutischen Ziele und die Behandlungsplanung beeinflussen (z. B. das Defizit eines*einer Patient*in im Bereich der sozialen Kompetenzen ist geringer als zu Beginn angenommen und es muss kein Training dieser Kompetenzen mehr geplant werden). Behandlungsziele sollten im Verlauf der Therapie regelmäßig mittels Zielerreichungsskalen (z. B. Walter et al., 2007) überprüft und angepasst werden.

6.3 Therapiedurchführung

Ambulante psychotherapeutische Behandlungen im Bereich der Sozialen Angststörung werden in den meisten Fällen im Einzelsetting mit einer Frequenz von einer wöchentlichen Sitzung durchgeführt (vgl. Büch & Döpfner, 2011). Abweichend davon kann es allerdings sinnvoll sein, bei einer mittleren bis stark ausgeprägten Symptomatik auch eine höhere Behandlungsfrequenz anzustreben (zwei bis drei Sitzungen pro Woche), damit Alternativverhaltensweisen besser gelernt werden. In diesem Kontext sind beispielsweise besonders mehrmalige Expositionssitzungen sowie gegebenenfalls längere Expositionssitzungen (100min statt 50min) pro Woche gut geeignet.

Eine Alternative zur Einzeltherapie ist die Gruppenbehandlung von mehreren Kindern oder Jugendlichen mit vier bis acht Patient*innen (z. B. Tuschen-Caffier, Kühl & Bender, 2009).

Entsprechend der Psychotherapierichtlinien können ergänzend zu den Patient*innenstunden zusätzliche Bezugspersonenstunden für elternzentrierte Interventionen im Verhältnis 1:4 beantragt werden. Während Eltern und Bezugspersonen in Behandlungseinheiten mit dem Kind immer hinzugezogen werden können, kann es insbesondere bei jüngeren Kindern sinnvoll sein, eine Verschiebung des Stundenverhältnisses hin zu mehr Bezugspersonenstunden (z. B. Aufteilung 1:2) zu beantragen, was jedoch in der Regel in einem Therapieantrag mit Gutachterverfahren begründet werden muss. Hinsichtlich der benötigten Therapiesitzungen kann eine Kurzzeittherapie ausreichend sein, wenn die Soziale Angststörung auf wenige soziale Situationen, z. B. Vortragssituationen in der Schule, begrenzt ist. Wenn die Störung jedoch breit manifestiert ist und sich seit mehreren Jahren auf verschiedene soziale Situationen wie Leistungs- und Interaktionssituationen erstreckt, ist eine Langzeittherapie häufig sinnvoll.

6.3.1 Therapiebaustein: Behandlungsaufklärung, Psychoedukation und Störungsmodell

Anknüpfend an die Rückmeldung der diagnostischen Ergebnisse muss eine Information von Familien über die Indikation einer Psychotherapie erfolgen, sodass eine informierte Einwilligung der Patient*innen und Sorgeberechtigten stattfinden kann (siehe auch Patientenrechtegesetz und § 630e BGB). Hier muss zunächst erläutert werden, welche Behandlungsoptionen bestehen, beispielsweise dass verschiedene psychotherapeutische Verfahren wie Kognitive Verhaltenstherapie aber auch Tiefenpsychologisch fundierte oder Psychodynamische Therapien bei dem Störungsbild angewendet werden können, und wie die Behandlungsaussichten zu bewerten sind. Eine Aufklärung ist weiterhin über die grundsätzliche Vorgehensweise in der Psychotherapie notwendig sowie außerdem darüber, welche formalen Schritte, wie Antragsverfahren bei der Krankenkasse, die Beantragung einer Psychotherapie erfordert. Insbesondere sollten Patient*innen und Bezugspersonen darauf vorbereitet werden, dass im Rahmen der Kognitiven Verhaltenstherapie ihr aktives Mitwirken über Hausaufgaben, aktive Beteiligung, die regelmäßige Teilnahme an Therapiesitzungen und regelmäßige Elterngespräche zwingend notwendig sind (vgl. Steil, Matulis, Schreiber & Stangier, 2011). Den Patient*innen sollte auch transparent gemacht werden, dass eine verhaltenstherapeutische Behandlung im Verlauf die Konfrontation mit angstbesetzten Situationen umfasst (vgl. Joormann & Unnewehr, 2002). Geben Patient*innen und Sorgeberechtigte nach einer ausreichenden Bedenkzeit ihre mündliche und schriftliche Einwilligung, kann mit einer Behandlung begonnen werden (▶ Kap. 6.3.2–6.3.8 zu den weiteren Therapiebausteinen).

Zu Beginn der Behandlung sollte eine Psychoedukation über das Störungsbild der Sozialen Angststörung erfolgen. Oft kann es hilfreich sein, dies auch unter Berücksichtigung der diagnostischen Kriterien des ICD-10 vorzunehmen und deutlich zu machen, wie sich die beschriebenen Symptome des ICD-10 bei dem Kind oder Jugendlichen äußern. Ein enger Rückbezug auf die diagnostischen Kriterien hat den wünschenswerten Effekt, dass für die Patient*innen und Familien eindeutig wird, dass eine psychische Erkrankung mit Behandlungsbedarf vorliegt. Eine Umattribution weg von negativen Selbstüberzeugungen (»Ich bin ein ängstliches Kind und eine langweilige Person«) zu funktionaleren Interpretationen (»Ich habe eine Angsterkrankung, welche sich gut behandeln lässt«) fördert Behandlungszuversicht und die Selbstwirksamkeitserwartung. Nicht selten haben Kinder und Jugendliche auch die Vorstellung, dass nur sie solche starken sozialen Ängste haben und fühlen sich mit dieser Symptomatik allein. Im Zuge der Psychoedukation bietet sich hier eine Vermittlung von epidemiologischen Daten an, die zeigen, dass es im Umfeld der Kinder mit hoher Wahrscheinlichkeit noch andere Kinder gibt, die eine ähnliche Störung haben (z.B.: »Wir wissen, dass etwa 3% aller Kinder eine Soziale Angststörung haben so wie du, das bedeutet, dass auf deiner Schule mit 300 Kindern wahrscheinlich etwa neun Kinder die gleichen Schwierigkeiten haben wie du«). Die im Rahmen der Psychoedukation vermittelten Informationen (z. B. in welchen Situationen zeigen sich soziale Ängste häufig, was sind typische Kognitionen) können auch später in der Therapie von den Kindern dazu genutzt werden, Selbstbeobachtungen hinsichtlich der eigenen Symptome vorzunehmen (z. B. eigene Situationen, Gefühle und Kognitionen beobachten).

> **Definition: Psychoedukation**
>
> Psychoedukation im Bereich psychischer Erkrankungen bedeutet die Vermittlung der wichtigsten Informationen über ein Störungsbild an die Patient*innen und ihre Bezugspersonen. Beispielsweise: Was sind die Kernsymptome der Störung? Welche Situationen werden vermieden? Psychoedukation über wissenschaftliche Erkenntnisse zu den Ursachen der Störung gehören ebenso dazu wie die Vermittlung von Behandlungsgrundsätzen, z. B. die Veränderung von dysfunktionalen Kognitionen und der Abbau von Vermeidungsverhalten. Psychoedukation wird verstärkt nach Abschluss der Diagnostik, aber auch immer wieder im Verlauf der Kognitiven Verhaltenstherapie durchgeführt, z. B. zur Vermittlung eines Therapierationals vor der Exposition (vgl. Schneider & Borer, 2006).

Nach einer kriteriengeleiteten Psychoedukation sollte die Erarbeitung eines individuellen Störungsmodells entsprechend eines Biopsychosozialen Modells der Sozialen Angststörung (z. B. Wong & Rapee, 2016) erfolgen. Sinnvoll ist es auch, zu diesem Zeitpunkt zu erfassen, welche persönlichen Erklärungsansätze Kinder, Jugendliche und Bezugspersonen zu einer möglichen Ursache der Sozialen Angststörung haben. Nicht selten haben insbesondere Eltern Schuldgefühle und die falsche Überzeugung, dass ihr Verhalten die Ursache für die Störung des Kindes sei. Über die Entwicklung eines multifaktoriellen Modells (z. B. biologische Einflüsse, Lernfaktoren, Elternverhalten, kognitive Faktoren; vgl. Traub & In-Albon, 2017) werden wichtige therapeutische Schritte wie die Korrektur von falschen Ursachenzuschreibungen und ein besseres Störungsverständnis bei Patient*innen und Eltern erreicht und es werden erste Anknüpfungspunkte zur psychotherapeutischen Intervention aufgezeigt (z. B. Veränderung von Elternverhalten oder von Vermeidung).

6.3.2 Therapiebaustein: Kognitive Interventionen

Da die Soziale Angststörung eine psychische Erkrankung mit einer starken Verankerung in dysfunktionalen Verarbeitungsschritten vor, während und nach sozialen Situationen ist (▶ Kap. 5, *Störungsmodell*), kommt kognitiven Interventionen eine besondere Bedeutung zu. Große Unterschiede bestehen dabei zwischen einzelnen Kindern und Jugendlichen, was die Komplexität der dysfunktionalen kognitiven Prozesse angeht. Während Kinder im Grundschulalter häufig zwar bereits negative Kognitionen in sozialen Situationen aufweisen (Alfano, Beidel & Turner, 2006), werden komplexe dysfunktionale Prozesse wie retrospektive Rumination, negativ verzerrte Selbstbilder, die dysfunktionale Wahrnehmung von körperlichen Angstsymptomen oder Sicherheitsverhaltensweisen mit dem späten Kindes- und im Jugendalter deutlich häufiger (Steil et al., 2011). Ein weiterer Unterschied, welcher sich auch insbesondere auf kognitiver Ebene widerspiegelt, ist, dass jüngere Kinder ihre sozialen Befürchtungen häufiger als »ich-synton« und nicht als »ich-dyston« erleben, also keine Einsicht in die Übertriebenheit der sozialen Ängste haben (Schäfer et al., 2011). Im Rahmen der kognitiven Interventionen ist es bei Kindern und Jugendlichen ohne diese Einsicht daher ein wichtiges Ziel, eine Distanzierung zu negativen kognitiven Inhalten zu erarbeiten.

Zum Einstieg in die kognitive Arbeit bietet sich das Einführen der sogenannten *Spaltentechnik* an (vgl. Tuschen-Caffier et al., 2009). Mit Patient*innen werden so verschiedene Bestandteile von Emotionen erarbeitet, wobei es leichter sein kann, zu Beginn nicht direkt die Ängste zu fokussieren, sondern auch positive Gefühle zu besprechen. Zentrale Spalten sind: *auslösende Situation*, *Verhalten*, *körperliche Reaktionen* und *Gedanken*. Dies kann auch eine gute Vorbereitung darauf sein, die Selbstbeobachtung der Patient*innen zu schärfen. Ausgehend von einer allgemeinen Beschreibung, z. B.: »Woran erkennt man, dass man fröhlich ist und in welchen Situationen sind Menschen oft fröhlich?«, kann ein Bogen zu entsprechenden Situationen der Patient*innen geschlagen werden, z. B.: »Was für Gedanken hast du im Kopf, wenn du ein Referat halten sollst?« Durch das Erarbeiten der Spaltentechnik lässt sich Kindern und Jugendlichen auch die zentrale Rolle von Kognitionen bei der Aufrechterhaltung der sozialen Ängste vermitteln, z. B.: »Wie würde sich deine Angst in der Situation verändern, wenn du dächtest ›Wenn die anderen lachen, ist das nicht so schlimm, jeder wird mal ausgelacht‹?« Neben dem therapeutisch angeleiteten Entdecken kann es auch hilfreich sein, psychoedukative Elemente in die kognitive Arbeit mit Kindern und Jugendlichen einfließen zu lassen. Mit den Patient*innen wird besprochen, welche dysfunktionalen Prozesse bei der Sozialen Angststörung häufig auftreten und ob das Kind oder der Jugendliche diese kognitiven Symptome von sich kennt, z. B.: »Manche Kinder und Jugendliche mit starken sozialen Ängsten machen sich besonders viele Sorgen darum, dass andere merken, wie stark ihr Körper in Angstsituationen reagiert, weil sie denken, dass es peinlich ist, wenn andere sehen, wie aufgeregt sie sind. Wie ist das bei dir?«

Ziel der kognitiven Arbeit ist es grundsätzlich, Kinder und Jugendliche für die Bedeutung der Kognitionen zur Angstaufrechterhaltung zu sensibilisieren und sie anzuregen, eigene kognitive Prozesse wahrzunehmen und entsprechende dysfunktionale Kognitionen zu hinterfragen und zu verändern. Hier können die folgenden therapeutischen Techniken zur kognitiven Umstrukturierung hilfreich sein:

- Befürchtungen zu Ende denken – z. B.: »Welche Note könnte ich bekommen, wenn ich morgen im Referat ein Blackout habe und was hätte das für eine Konsequenz für mein Schulzeugnis?«
- Sammeln von Beweisen, dass die negativen Erwartungen eintreten werden.
- Was würde das Kind bzw. der*die Jugendliche über eine*n Gleichaltrige*n denken, der*die in der gleichen Situation ist – z. B.: »Wenn sich jemand anderes bei einem Referat versprechen würde, würde ich denken, dass das jedem mal passieren könnte.«
- Überlegen, ob es alternative Interpretationen für unangenehme soziale Situationen gibt – z. B.: »Wenn mir jemand auf der Straße eine unfreundliche Antwort gibt, liegt es vielleicht daran, dass die Person in Eile war.«
- Gemeinsam überlegen, ob es schon einmal eine Situation gab, in welcher der*die Patient*in eine ähnliche negative Erwartung hatte, die aber nicht eingetreten ist – z. B.: »Ich war schon einmal auf einem Geburtstag eingeladen, auf dem ich niemanden kannte und am Ende war es ein schöner Besuch.«
- Überlegen, was ein*e andere*r Gleichaltrige*r denken würde – z. B.: »Was würde dein*e beste*r Freund*in in dieser Situation denken?«

Therapeutische Interventionen auf kognitiver Ebene richten sich auch nach der Art des jeweiligen kognitiven Prozesses, der bearbeitet werden muss:

- **Negative Erwartungen und Selbstüberzeugungen *vor* sozialen Situationen**
  Kinder und Jugendliche mit einer Sozialen Angststörung haben häufig negative Erwartungen an zukünftige soziale Situationen, wie dass sie von anderen unbekannten Kindern und Jugendlichen abgelehnt werden, wenn sie versuchen, Kontakte zu knüpfen oder vor einer schulischen Leistungssituation. Häufig hängen diese negativen Erwartungen mit dysfunktionalen Grundüberzeugungen zusammen, wie »Ich bin ein langweiliges Kind«. Zur Veränderung dieser negativen Grundüberzeugungen ist die Erarbeitung von persönlichen Ressourcen der Kinder und Jugendlichen hilfreich, z. B. über »Stärken und Schwächen Profile« oder Steckbriefe. Die oben aufgeführten Techniken zur kognitiven Umstrukturierung helfen in der Therapie ebenfalls, die ungünstigen Erwartungen zu verändern.
- **Dysfunktionale Kognitionen *während* sozialer Situationen**
  Studien zeigen, dass Kinder und Jugendliche während sozialer Situationen vermehrt negative Kognitionen aufweisen (Tuschen-Caffier, Kühl & Bender, 2011). Um diese Kognitionen in sozialen Situationen zu verändern, die im Alltag und ohne therapeutische Begleitung stattfinden, kann der Transfer der kognitiven Umstrukturierung über die Erstellung von Kognitionskarten erreicht werden. Häufig werden beispielsweise passende Gegengedanken gemeinsam mit negativen Kognitionen auf Kärtchen geschrieben, welche die Kinder mit in die sozialen Situationen nehmen können. Eine zeitnahe Proto-

kollierung von negativen und positiven Gedanken im Anschluss an soziale Situationen hilft vielen Kindern und Jugendlichen, den Erfolg der kognitiven Umstrukturierung zu überprüfen (Petermann & Petermann, 2015).

- **Negative Rumination *nach* sozialen Situationen**
  Bereits Kinder im Grundschulalter weisen nach sozialen Situationen dysfunktionale Ruminationsprozesse auf, in denen besonders die negativen Aspekte sozialer Situationen wiederholt durchgegangen werden (Schmitz, Krämer & Tuschen-Caffier, 2012). Psychotherapeutisch sollten Kinder und Jugendliche über das Auftreten dieser negativen Verarbeitungsprozesse informiert und für die negativen Wirkmechanismen des Grübelns sensibilisiert werden. Dies kann beispielsweise dadurch erreicht werden, indem Patient*innen nach einer Konfrontationssitzung ihre persönliche Bewertung der Situation abgeben und in der nächsten Therapieeinheit eine wiederholte Bewertung erfolgt, um mögliche nachträgliche Katastrophisierungen deutlich zu machen (vgl. Steil et al., 2011). Hilfreich gegen ruminative Prozesse bei Kindern und Jugendlichen kann das Erarbeiten von positiven Gegengedanken oder das Verwenden von Ablenkung sein (Asbrand et al., 2019).

- **Negative Vorstellungsbilder**
  Menschen mit einer Sozialen Angststörung berichten davon, sich in sozialen Situationen aus einer Außenperspektive zu sehen und dass diese Vorstellungen häufig negativ verzerrt sind (z. B. starke körperliche Angstreaktion in Form von Erröten). Negative Vorstellungsbilder kommen eher bei Jugendlichen mit einer Sozialen Angststörung vor, als bei Kindern. Psychotherapeutisch können diese Vorstellungsbilder über imaginatives Überschreiben verändert werden, sodass nach einer genauen Exploration des negativen Vorstellungsbildes eine Vorstellungsübung mit einem positiven Vorstellungsbild erfolgt (Steil et al., 2011).

- **Aufmerksamkeitsbias für vermeintlich negative soziale Rückmeldung**
  Kinder und Jugendliche mit sozialen Ängsten sind besonders sensibel für mögliche negative soziale Rückmeldungen wie z. B. als kritisch wahrgenommene Interaktionspartner. Dieser kognitive Aufmerksamkeitsbias kann dazu führen, dass positive soziale Rückmeldungen nicht bzw. vermeintlich negative soziale Rückmeldungen übermäßig stark wahrgenommen werden. Um solche Wahrnehmungsfehler zu korrigieren, kann in der Psychotherapie der Einsatz von Videofeedback besonders hilfreich sein (vgl. Tuschen-Caffier et al., 2009). So kann beispielsweise nach therapeutischen Rollenspielen eine Szene mit den Patient*innen gemeinsam angeschaut und auf positive Aspekte der Situation geachtet werden.

- **Fehlerhafte Wahrnehmung und Interpretation körperlicher Angstsymptome**
  Für Kinder und Jugendliche mit einer Sozialen Angststörung spielen körperliche Angstreaktionen wie Herzklopfen, Schwitzen und Zittern eine Rolle bei der Bewertung von sozialen Situationen. Studien zeigen, dass betroffene Kinder ihre körperlichen Angstreaktionen übermäßig stark wahrnehmen und ihre Sichtbarkeit für andere Personen überschätzen (Siess et al., 2014). Kognitive Interventionen können die Fehlinterpretation dieser Körperreaktionen

verändern: durch Uminterpretation, z. B.: »Herzklopfen führt dazu, dass dein Körper Energie für die Bewältigung einer Aufgabe bekommt«, und eine Psychoedukation zur Sichtbarkeit von körperlichen Angstsymptomen, z. B.: »Andere Menschen können körperliche Angstsymptome oft gar nicht beobachten«. Hier kann es auch hilfreich sein, Videofeedback einzusetzen, welches eine geringe Sichtbarkeit von körperlichen Symptomen demonstriert. Außerdem sollten auch katastrophisierende Gedanken bezüglich körperlicher Angstsymptome hinterfragt werden, z. B.: »Was würdest du über jemanden denken, der während eines Vortrages aufgeregt ist?« Da körperliche Angstsymptome erst im späten Grundschulalter eine Rolle spielen, sind diese Interventionen bei jüngeren Kindern in der Regel nicht notwendig.

- **Dysfunktionale metakognitive Überzeugungen**
  Bereits Kinder mit sozialen Ängsten weisen ungünstige metakognitive Überzeugungen auf (Bakow, Pincus, Ehrenreich & Brody, 2009), beispielsweise zum magischen Denken bzw. zur Gedanken-Handlungs-Fusion. Überzeugungen wie »Wenn ich etwas Schlechtes denke, dann wird es auch passieren«, können die Folge sein. Psychotherapeutisch sollte in diesen Fällen daran gearbeitet werden, eine neutrale Distanzierung hinsichtlich negativer Gedanken zu erreichen. Dies kann über Achtsamkeitsübungen erreicht werden (z. B. Gedanken wahrnehmen ohne Interpretation; Traub & In-Albon, 2017), oder auch über therapeutische Rollenspiele, welche den Kindern und Jugendlichen vermitteln, dass negative Gedanken keinen direkten Einfluss auf die Geschehnisse in einer Situation haben, z. B. gemeinsam daran denken, dass es anfängt zu regnen (Simons, 2018).

6.3.3 Therapiebaustein: Aufbau sozialer Fertigkeiten

Das Training sozialer Fertigkeiten (auch: soziale Kompetenz) ist in vielen verhaltenstherapeutischen Programmen ein fester und obligatorischer Bestandteil (Spence et al., 2000). Die Grundannahme ist hierbei, dass Kinder mit einer Sozialen Angststörung entweder nicht über ausreichende soziale Fertigkeiten verfügen, also ein Defizit in diesem Bereich aufweisen, oder Schwierigkeiten haben, ihre vorhandenen sozialen Kompetenzen in sozialen Situationen anzuwenden. Forschungsergebnisse legen nahe, dass Kinder mit einer Sozialen Angststörung sich selbst als weniger sozial kompetent wahrnehmen als Kinder ohne soziale Ängste (z. B. Cartwright-Hatton et al., 2005; ▶ Kap. 5.5, *soziale Kompetenzen*).

> **Definition: Soziale Fertigkeiten**
>
> Soziale Fertigkeiten können grundsätzlich als die Fähigkeit eines Menschen, mit seiner sozialen Umwelt positiv zu interagieren verstanden werden. Die Berücksichtigung eigener individueller Bedürfnisse, aber auch die angemessene Berücksichtigung der Bedürfnisse anderer Personen sind dabei zentral. Neben diesen generellen Aspekten von sozialen Fertigkeiten bezieht sich der Be-

> griff auch auf einzelne Verhaltensweisen, welche eine sozial kompetente Interaktion möglich machen, wie das Halten von Blickkontakt, angemessenes Sprechtempo und -lautstärke, aufrechtes Stehen und die Wahrnehmung von Absichten und Gefühlen von anderen Personen (▶ Tab. 6.1). Soziale Kompetenzen werden in verschiedenen sozialen Kontexten, wie in sozialen Interaktionen mit anderen Kindern (z. B. Freundschaften), sozialen Leistungssituationen (z. B. ein Referat halten) und in Konfliktsituationen (z. B. das eigene Recht durchsetzen oder sich in Konflikten angemessen zu wehren; Huber, Plötner & Schmitz, 2018) gebraucht.

Wichtig ist jedoch festzustellen, ob diese Wahrnehmung verminderter sozialer Kompetenzen wirklich mit geringeren sozialen Fertigkeiten in sozialen Situationen verbunden ist oder ob eine subjektiv verzerrte Wahrnehmung von Kindern mit starken sozialen Ängsten vorliegt. Miers, Blöte, Bokhorst und Westenberg (2009) fanden heraus, dass in einer Stichprobe von Kindern mit starken sozialen Ängsten ein Teil der ängstlichen Kinder geringere soziale Kompetenzen in einer sozialen Leistungsaufgabe zeigte, während eine andere Gruppe von sozial ängstlichen Kindern sich zwar als weniger kompetent beschrieb, jedoch keine Defizite in den sozialen Fertigkeiten aufwies. Für die psychotherapeutische Behandlung von Kindern und Jugendlichen mit einer Sozialen Angststörung bedeutet dies, dass im Rahmen der Behandlung genau erfasst werden muss, ob und welche Probleme im Bereich der sozialen Fertigkeiten bei den jeweiligen Patient*innen vorliegen. Ein obligatorisches Training sozialer Fertigkeiten ist nicht zu empfehlen, da so Kindern und Jugendlichen, die keine Schwierigkeiten in diesem Bereich haben, vermittelt werden würde, dass ein Verhaltensaufbau notwendig wäre.

Eine gute Möglichkeit, die sozialen Kompetenzen von Kindern oder Jugendlichen mit Sozialer Angststörung zu beobachten, sind therapeutische Rollenspiele mit Videoaufzeichnung. Im geschützten Rahmen können so die wichtigsten sozialen Situationen, wie z. B. etwas in einem Geschäft kaufen, eine fremde Person ansprechen oder das eigene Recht durchsetzen, beobachtet werden (▶ Tab. 6.1). Mit den Patient*innen sollte vorher erarbeitet werden, woran sozial kompetentes bzw. sozial sicheres Verhalten in der betreffenden Situation zu erkennen ist (z. B. wie selbstbewusste Kinder oder Jugendliche aus der Klasse des*der Patient*in ein Referat halten würden). Neben der Beobachtung in Rollenspielen sollten auch Informationen aus der Diagnostik genutzt werden, z. B. entsprechende Situationen für sozialkompetentes Verhalten aus dem Kinder-DIPS, wie eigenes Recht durchsetzen oder sich wehren. Auch können Schulbeobachtungen diesen Bereich noch weiter ergänzen.

Ist ein Training sozialer Kompetenzen indiziert, ist es sinnvoll mit den Kindern oder Jugendlichen zu erarbeiten, welche genauen sozialen Kompetenzen in einer bestimmten sozialen Situation notwendig sind und welche dieser Kompetenzen sie trainieren möchten. Es wird hier empfohlen, die Anzahl der Fertigkeiten vor allem zu Beginn zu reduzieren (z. B. der*die Patient*in übt lautes Sprechen bei einer Frage; vgl. Tuschen-Caffier et al., 2009). Auch hier ist eine Videoaufnahme hilfreich, um später mit dem Kind oder dem*der Jugendlichen zusammen die so-

Tab. 6.1: Übersicht über Soziale Fertigkeiten und mögliche Situationen für ein soziales Kompetenztraining.

Soziale Fertigkeiten	Situationen für ein soziales Kompetenztraining
<ul><li>lautes Sprechen</li><li>angemessenes Sprechtempo</li><li>Blickkontakt halten</li><li>aufrechtes Stehen</li><li>ruhiges Stehen</li><li>Fragen stellen</li><li>Freude zeigen</li><li>die eigene Meinung sagen</li></ul>	<ul><li>Therapeutisches Rollenspiel</li><li>Therapeutisch begleitete Alltagsübung (z. B. auf der Straße eine Umfrage machen, im Geschäft etwas kaufen oder auf dem Spielplatz ein anderes Kind ansprechen)</li><li>Therapeutische Hausaufgaben, die das Kind selbst durchführt (z. B. sich im Unterricht melden oder ein Referat halten)</li><li>das eigene Recht durchsetzen (z. B. wenn ein*e andere*s Kind/Jugendliche*r sich vordrängelt)</li><li>sich wehren (z. B. provokantes Verhalten von Gleichaltrigen ansprechen und sich Hilfe holen)</li><li>mit einem anderen Kind oder Jugendlichen telefonieren (z. B. nach den Hausaufgaben fragen oder sich verabreden)</li><li>im Geschäft etwas fragen, etwas bestellen oder bezahlen</li></ul>

ziale Situation anzuschauen und nachzubesprechen. Dabei sollte beachtet werden, dass das Kind oder der*die Jugendliche für seine Bereitschaft, sich in die Situation zu begeben, gelobt wird und insbesondere auf die zu trainierende Fertigkeit geachtet wird. Kinder und Jugendliche mit einer Sozialen Angststörung sind oft sehr selbstkritisch und bewerten soziale Trainingssituationen häufig negativ, selbst wenn die trainierte Facette der sozialen Kompetenz gut umgesetzt wurde (z. B. Unzufriedenheit mit dem Blickkontakt, obwohl lautes Sprechen geübt wurde). Hier ist es sinnvoll, dass der*die Therapeut*in betont, dass die zu trainierende Fertigkeit im Vordergrund steht.

Die Wirkmechanismen hinter einem sozialen Kompetenztraining sind die Erweiterung von Kompetenzen des Kindes und damit der Aufbau von angemessenen Verhaltensweisen, die positive Interaktionen ermöglichen. Damit ergeben sich vermehrt positive Lernerfahrungen in den entsprechenden Situationen und positive Emotionen in Verbindung mit sozialen Interaktionen. Weiterhin ist die Konfrontation mit gefürchteten Situationen Teil des sozialen Kompetenztrainings und hat häufig den Abbau von kognitiven Fehlern und Angsthabituation zur Folge (▶ Kap. 6.3.4, *Exposition*). Durch den Aufbau sozialer Kompetenzen wird zudem die Selbstwirksamkeitserwartung von Kindern und Jugendlichen erhöht (Lauth, Otte & Heubeck, 2009).

6.3.4 Therapiebaustein: Exposition und Sicherheitsverhaltensweisen

Die Exposition (auch: Konfrontation) mit angstauslösenden Situationen ist ein zentraler Bestandteil der Behandlung der Sozialen Angststörung im Kindes- und

Jugendalter und sollte immer durchgeführt werden. Eine Remission der sozialen Ängste allein durch kognitive Interventionen ist nicht wahrscheinlich. Die Konfrontation mit Angstsituationen löst bei betroffenen Kindern und Jugendlichen starke negative Gefühle aus, daher muss die Konfrontation gut vorbereitet und vorbesprochen werden. Patient*innen sollten sich selbst basierend auf der Psychoedukation für die Konfrontation entscheiden und nicht dazu überredet oder gar gezwungen werden. Zur Vorbereitung der Konfrontation ist die Erarbeitung eines Therapierationals wichtig, wenn die Abnahme der Angst durch Gewöhnung und das Erkennen von Erwartungsverletzungen im Vordergrund stehen. Kinder haben häufig schon im Grundschulalter eine Vorstellung davon, dass Ängste abnehmen, je häufiger sie sich diesen stellen. Dies kann insbesondere bei längeren Leistungssituationen wie Präsentationen indiziert sein. In diesen Situationen ist die körperliche Gewöhnung an die Angstreaktion der entscheidende Wirkmechanismus. Daher ist es notwendig, dass Kinder und Jugendliche in den Konfrontationsübungen so lange in der Situation bleiben, bis ein Angstabfall erlebt wird und eine Erwartungsverletzung benannt werden kann. Oft können Kinder auch Beispiele für Momente finden, in denen sie bereits in der Vergangenheit Angst vor Situationen hatten, diese Angst jedoch durch Konfrontation bewältigt haben (z. B. Springen von einem Sprungbrett im Schwimmbad). Neben der Habituation ist bei der Sozialen Angststörung zudem die Überprüfung von kognitiven Fehlannahmen häufig ein wichtiger Mechanismus, weswegen Konfrontationen zu einer Abnahme der sozialen Ängste führen. Wie bereits beschrieben, leiden Kinder und Jugendliche oft unter negativ verzerrten Annahmen über die Konsequenzen von sozialen Situationen (z. B.: »Wenn ich mich verspreche, werden alle lachen«). Im Rahmen der Konfrontation machen Kinder und Jugendliche die Erfahrung, dass ihre Befürchtungen nicht oder weniger häufig eintreten oder dass gefürchtete Konsequenzen nicht so negativ sind wie angenommen. Steht die Überprüfung von negativen Annahmen bei der Konfrontation im Vordergrund, spricht man auch von Verhaltensexperimenten (vgl. Tuschen-Caffier et al., 2009). Sollten Kinder Scheu vor der Durchführung der Verhaltensexperimente haben, können Therapeut*innen als Rollenmodelle fungieren und beispielsweise ein Verhaltensexperiment selbst durchführen, während das Kind oder der*die Jugendliche mögliche negative Konsequenzen beobachtet (z. B. beobachten, wie andere Menschen reagieren, wenn die Geldbörse beim Bezahlen im Geschäft vergessen wurde).

Für die Planung der Konfrontationsübungen sollte eine Angsthierarchie der angstauslösenden Situationen erstellt und mit Situationen mittlerer Schwierigkeit begonnen werden. Ein sogenanntes *Flooding*, also eine massierte Konfrontation mit sehr schwierigen Angstsituationen, sollte bei Kindern nicht durchgeführt, sondern ein graduiertes Vorgehen gewählt werden. Zudem bietet es sich an, Konfrontationsübungen im therapeutischen Rollenspiel zu üben, da diese für viele Kinder bereits angstauslösend sind.

> **Habituation vs. Verhaltensexperiment**
>
> Bei therapeutischen Übungen und Konfrontationen, bei denen die Abnahme der Angst durch Gewöhnung das Ziel ist, spricht man von *Habituation* als Wirkmechanismus. Kinder und Jugendliche lernen, dass eine Situation keine Angst mehr auslöst, da der Körper sich an die Angstreaktion gewöhnt hat.
> In *Verhaltensexperimenten* spielt weniger die Gewöhnung an die Angstreaktion eine Rolle, als vielmehr die Überprüfung von negativen kognitiven Erwartungen. Dadurch, dass in der Konfrontation eine negative Konsequenz ausbleibt, lernen Kinder und Jugendliche, dass ihre negativen Erwartungen nicht eintreten bzw. dass die befürchteten Konsequenzen weniger aversiv sind als befürchtet. Auch in Konfrontationsübungen kann die Erwartungsverletzung geprüft werden.

Bei Konfrontationsübungen müssen besonders sogenannte *Sicherheitsverhaltensweisen* beachtet werden. Sicherheitsverhaltensweisen sind solche Verhaltensweisen, die von Menschen mit sozialen Ängsten durchgeführt werden, damit befürchtete Konsequenzen nicht eintreten. Beispiele sind das exzessive Üben von sozialen Situationen im Vorhinein, das Vorüberlegen genauer Antworten, das Anspannen des Körpers aus Angst vor Zittern etc. Diese Sicherheitsverhaltensweisen sollten unterbunden werden, da Patient*innen bei gelungener Konfrontation ein mögliches Gelingen der sozialen Situation auf das Durchführen dieser Sicherheitsverhaltensweisen attribuieren. Beim therapeutischen Vorgehen kann es hilfreich sein, die Sicherheitsverhaltensweisen Stück für Stück zu reduzieren, statt sie direkt vollständig zu unterlassen.

6.3.5 Therapiebaustein: Elternzentrierte Interventionen

Forschungsergebnisse zeigen nicht eindeutig, dass elternzentrierte Interventionen den therapeutischen Erfolg von Kognitiver Verhaltenstherapie verbessern können (▶ Kap. 7, *Psychotherapieforschung*). Dennoch müssen Eltern und Erziehungsberechtigte als Sorgeberechtigte über das Störungsbild und die Behandlungsmöglichkeiten, sowie die Grundzüge der Kognitiven Verhaltenstherapie aufgeklärt werden. Zudem sollte in der Therapie erörtert werden, inwieweit dysfunktionales Elternverhalten die sozialen Ängste der Kinder bzw. der Jugendlichen aufrechterhalten (beispielsweise über überbehütendes Schutzverhalten oder übermäßige Vermittlung von bedrohlichen Informationen über soziale Situationen, z. B.: »Du musst viel üben, sonst wirst du dich morgen im Referat blamieren«). Falls ungünstige Elternverhaltensweisen eine Rolle spielen, so sollte in der Psychotherapie über die Folgen aufgeklärt werden und alternative Verhaltensweisen mit den Eltern erarbeitet werden. Dazu sollten auch mögliche ungünstigen Kognitionen von Eltern verändert werden (z. B.: »Wenn mein Kind auf den Geburtstag geht, wird es niemanden dort kennen und stark leiden« zu: »Die Angst meines Kindes wird nach einiger Zeit abnehmen und es hat die Chance, andere Kinder kennenzulernen«).

6.3.6 Therapiebaustein: schulzentrierte Interventionen

Dem Setting Schule kommt bei der Behandlung der Sozialen Angststörung oft eine große Bedeutung zu, da dort sowohl soziale Interaktionen als auch vor allem soziale Leistungssituationen, wie sich melden oder ein Referat halten, auftreten. In der Kognitiven Verhaltenstherapie werden daher häufig Interventionen durchgeführt, die sich auf Situationen im Schulalltag beziehen. Direkte Interventionen in der Schule sind oftmals auch sinnvoll. Bei vorliegendem Einverständnis sollte das Gespräch mit Lehrkräften gesucht und eine Psychoedukation über das Störungsbild vorgenommen werden. Teilweise kommt es vor, dass sich ungünstige Interaktionen zwischen Lehrkräften und Patient*innen mit einer Sozialen Angststörung entwickeln, da diese das Vermeidungsverhalten der Kinder und Jugendlichen als oppositionelles Verhalten ihrem Unterricht gegenüber interpretieren. Insbesondere in diesen Fällen ist eine zügige Aufklärung und Psychoedukation von Lehrkräften notwendig. Auch sollten bei Expositionsübungen in der Schule Lehrkräfte insoweit einbezogen werden, als dass funktionale Verhaltensweisen der Lehrkräfte besprochen werden (z. B. Gelegenheiten zur mündlichen Beteiligung ermöglichen, Patient*innen nicht vor der Klasse zur Exposition drängen und Lob für Konfrontation in der Schule). Für Übungen im Schulalltag können mit den Patient*innen in der Therapie genaue Pläne über Zielverhalten vereinbart werden (vgl. Büch & Döpfner, 2011).

Kinder und Jugendliche mit einer Sozialen Angststörung werden gehäuft Opfer von sozialen Ausgrenzungen durch andere Kinder und Jugendliche, vermutlich, da sie ein kleineres soziales Netz haben, welches sie schützt, Patient*innen sich oft nicht trauen, sich zu wehren und sich auch teilweise sozial ungeschickt verhalten (Pabian & Vandebosch, 2016). Vorfälle von Bullying werden teilweise von Eltern und Lehrkräften nicht richtig eingeschätzt und bagatellisiert. Ergeben sich im Rahmen der Psychotherapie Hinweise auf wiederholte Ausgrenzung und Aggression gegen Patient*innen, sollte darauf hingewirkt werden, dass diese gegenüber den Lehrkräften und der Schulleitung transparent gemacht werden. Eine Lösung der Bullying-Problematik kann selten durch die Kognitive Verhaltenstherapie erreicht werden, da die Ursachen häufig nicht allein bei den Patient*innen liegen, sondern in der sozialen Struktur innerhalb der Schule oder Klasse (Teuschel & Heuschen, 2012). Neben dem Offenlegen des Bullyings gegenüber der Schule ist es sinnvoll Eltern auch zu ermutigen, sich an den schulpsychologischen Dienst zu wenden. Idealerweise werden in diesen Fällen in den betroffenen Klassen schulzentrierte Bullying-Interventionen von Schulpsycholog*innen oder qualifizierten Lehrkräften durchgeführt, wie beispielsweise der No-Blame-Approach (Blum & Beck, 2016). Einzeltherapeutisch können betroffene Kinder darin unterstützt werden, sich sozial kompetent gegen Bullying zu wehren und sich Hilfe zu suchen. Es ist ratsam zu erörtern, ob Patient*innen durch sozial ungeschicktes Verhalten eine Ausgrenzung mitbegünstigen. In diesen Fällen sollten in der Kognitiven Verhaltenstherapie alternative sozial kompetente Verhaltensweisen aufgebaut werden (▶ Kap. 6.3.3, *Soziale Fertigkeiten*).

Im Falle einer Sozialen Angststörung, welche mit Schwierigkeiten im schulischen Kontext einhergeht, ist es weiterhin sinnvoll die Überprüfung eines sonderpädagogischen Förderbedarfs in Betracht zu ziehen. Kinder, die in ihren schulischen Bildungs-, Entwicklungs- oder Lernmöglichkeiten derart beeinträchtigt sind, haben Anspruch auf eine entsprechende Förderung durch das Schulsystem. Die Überprüfung eines sonderpädagogischen Förderbedarfs muss durch die Eltern der Patient*innen oder die Schule erfolgen. Im Falle einer Sozialen Angststörung kommt in der Regel eine Förderung im Schwerpunkt »Soziale und emotionale Entwicklung« in Frage. Im Rahmen dieser Förderung werden ängstliche Kinder gezielt darin gefördert, ihre sozialen Ängste im Schulkontext zu überwinden, z. B. durch eine Anbahnung vermehrter sozialer Interaktionen mit Gleichaltrigen.

6.3.7 Therapiebaustein: Jugendhilfemaßnahmen und flankierende Interventionen

Kinder und Jugendliche mit einer Sozialen Angststörung erfüllen entsprechend §35a SGB VIII die Kriterien für eine seelische Behinderung, welche die Teilhabe am gesellschaftlichen Leben einschränkt. Insbesondere bei einer Sozialen Angststörung mit sehr starker Beeinträchtigung können betroffene Familien entsprechend der gesetzlichen Regelung beim Jugendamt bzw. Allgemeinen Sozialen Dienst einen Antrag auf Jugendhilfe stellen. In der Regel ist es notwendig, dass eine entsprechende Stellungnahme des*der behandelten Therapeut*in vorliegt, in der die Art der seelischen Behinderung (in diesem Fall die Soziale Angststörung), wie auch die bestehenden oder zu erwartenden Einschränkungen in der Teilhabe entsprechend 35a SGB VIII begründet sind. Im Fall der Sozialen Angststörung bezieht sich dies häufig auf die eingeschränkte Fähigkeit, altersangemessenen Freizeitaktivitäten und sozialen Kontakten nachzugehen. Gemeinsam mit der Jugendhilfe sollte erwogen werden, welche Art von Jugendhilfemaßnahme zur Therapieunterstützung hilfreich sein kann. Sinnvoll kann beispielsweise die Gewährung einer sogenannten Erziehungsbeistandschaft sein (§30 SGB VIII), welche das Kind oder den Jugendlichen bei der Bewältigung von Entwicklungsproblemen möglichst unter Einbezug des sozialen Umfelds unterstützen und unter Erhaltung des Lebensbezugs zur Familie seine Verselbständigung fördern soll. Gemeint ist hiermit in der Regel eine direkte Unterstützung für Kinder und Jugendliche in Form einer qualifizierten Fachperson (z. B. Pädagog*innen), welche das Kind oder den*die Jugendliche in seinem*ihren Alltag unterstützt. Im Fall einer Sozialen Angststörung gilt dies beispielsweise für den Aufbau von altersentsprechenden Freizeitaktivitäten und die Integration in eine Gleichaltrigengruppe (z. B. Sportverein).

6.3.8 Therapiebaustein: Psychopharmakotherapie

Die Behandlung mit Psychopharmaka spielt bei der Behandlung der Sozialen Angststörung im Kindes- und Jugendalter eine untergeordnete Rolle. Insgesamt zeigen verhaltenstherapeutische Behandlungen mit Exposition eine sehr gute

Wirksamkeit (▶ Kap. 7, Psychotherapieforschung). Bei anhaltendem starken Vermeidungsverhalten und Unfähigkeit, eine Kognitive Verhaltenstherapie mit Konfrontation zu absolvieren, kann eine Behandlung mit Serotonin-Wiederaufnahmehemmern (SSRIs) in Betracht gezogen werden, welche in einzelnen Studien einen positiven Einfluss auf die Symptomatik bei Kindern und Jugendlichen zeigen konnten (Segool & Carlson, 2008; Strawn et al., 2015). SSRIs sind in Deutschland nicht offiziell zur Behandlung der Sozialen Angststörung zugelassen, können aber im Sinne eines individuellen Heilversuchs unter bestimmten Voraussetzungen unter fachärztlicher Aufsicht und Verantwortung verwendet werden.

6.4 Manuale zur Behandlung sozialer Ängste

Es existieren mehrere verhaltenstherapeutische Manuale zur Behandlung der Sozialen Angststörung im Kindes- und Jugendalter. Unterschiede zwischen den Manualen ergeben sich insbesondere über die Altersgruppe, für welche das Vorgehen geeignet ist, sowie durch den Schwerpunkt der psychotherapeutischen Intervention (z. B. ein starker Fokus auf der Veränderung von kognitiven Prozessen oder der Integration von sozialen Kompetenztrainings).

Soziale Ängste – Therapieprogramm für Kinder und Jugendliche mit Angst- und Zwangsstörungen THAZ/Band 2 (Büch & Döpfner, 2011). Dieses Manual richtet sich laut Autor*innen an Kinder im Alter zwischen acht und 14 Jahren und ihre Eltern. Das Manual beschreibt ein verhaltenstherapeutisches Vorgehen im Einzelsetting. Altersgerechte Interventionen fokussieren auf kognitive, behaviorale und physiologische Symptome der sozialen Angst. Besonders ausführlich sind Übungen zu sozialen Situationen und zum Aufbau von sozialen Kompetenzen enthalten. Das Störungs- und Therapierational wird unterstützend durch eine therapeutische Geschichte mit einem sozialängstlichen Mädchen vermittelt. Weiterhin enthält das Manual einen Block zur elternzentrierten Intervention. Erste Pilotdaten legen eine gute Wirksamkeit des Behandlungsprogramms auf die Symptomatik nahe.

Behandlung der Sozialen Phobie bei Kindern und Jugendlichen (Joormann & Unnewehr, 2002). Das Behandlungsmanual richtet sich mit insgesamt 16 Sitzungen an Kinder und Jugendliche mit einer Sozialen Angststörung, wobei eine Anwendung ab dem späten Kindesalter aufgrund des teilweise komplexen Therapiematerials und Vorgehens angemessen scheint. Das Programm wird als Gruppenprogramm durchgeführt. Neben der Psychoedukation über die Entstehung und Aufrechterhaltung von sozialer Angst sind kognitive Interventionen und soziales Kompetenztraining zentrale Bestandteile. Sowohl Kompetenztrainings als auch Konfrontation werden in therapeutischen Rollenspielen in der Gruppe umgesetzt. Eine Besonderheit an diesem Behandlungsmanual ist der obligatorische

Einbezug der Eltern in einen Teil der Gruppensitzungen. Evaluationsergebnisse liegen zu diesem Manual nicht vor.

Soziale Phobie bei Jugendlichen (Steil et al., 2011). Das Behandlungsprogramm richtet sich an Jugendliche ab 14 Jahren. Es wird laut den Autor*innen in Einzelsitzungen mit Jugendlichen über einen Zeitraum von 25 Sitzungen durchgeführt. Primäres Ziel des Behandlungsprogramms ist die Veränderung von kognitiven Prozessen der Sozialen Angststörung, wie Selbstaufmerksamkeit, negative Vorstellungsbilder und Grübeln. Neben Methoden der kognitiven Umstrukturierung werden auch Verhaltensexperimente zur Veränderung der dysfunktionalen Prozesse unter der Verwendung von Videofeedback angewendet. Exposition mit dem Ziel der Angsthabituation und soziales Kompetenztraining sind kein Bestandteil des Manuals. Eine Besonderheit dieses Manuals ist die Verwendung von imaginativem Umschreiben von ungünstigen sozialen Vorstellungsbildern. Evaluationsergebnisse liegen nicht vor.

Mutig werden mit Til Tiger (Ahrens-Eipper, Leplow & Nelius, 2009). Dieses verhaltenstherapeutische Manual richtet sich an jüngere Kinder im Alter zwischen fünf und zehn Jahren mit sozialen Ängsten. Das Programm ist laut Autor*innen auch für verhaltensgehemmte Kinder ohne Diagnose einer Sozialen Angststörung geeignet. Eine Besonderheit des Manuals ist die Kombination von Einzel- und Gruppenstunden. Als Identifikationsfigur wird mit Til Tiger gearbeitet, der den Kindern Therapierational und Bewältigung veranschaulicht. Die Interventionstechniken des Manuals sind weitgehend behavioral fokussiert und kombinieren das Üben von verschiedenen sozialen Situationen wie Kontakt zu anderen Kindern aufnehmen, sich durchsetzen oder Konflikte kompetent lösen. Neben behavioralen und kognitiven Interventionen setzt das Manual Entspannungstechniken zur Angstbewältigung ein. Eine Evaluationsstudie für dieses Manual zeigt eine gute Wirksamkeit auf das unsichere Verhalten bei Kindern (Ahrens-Eipper et al., 2009).

Soziale Ängste und soziale Angststörung im Kindes- und Jugendalter (Tuschen-Caffier et al., 2009). Das Manual von Tuschen-Caffier und Kolleg*innen behandelt soziale Ängste bei Kindern und Jugendlichen im Gruppensetting. Aufgrund der kindgerechten Materialien eignet sich das Manual eher für Kinder im Grundschulalter als für Jugendliche. Neben psychoedukativen Elementen fokussiert das Manual auf die Identifikation und Veränderung von negativen Kognitionen. Darüber hinaus liegt ein Schwerpunkt des Behandlungsmanuals auf dem Aufbau sozialer Kompetenzen und der Bearbeitung von sozialen Situationen im Rollenspiel. Positiv ist die Möglichkeit, in-vivo Expositionen im Feld während der Gruppentherapie durchzuführen. Evaluationsdaten legen eine gute Wirksamkeit des Manuals im Kindesalter nahe (Asbrand, Heinrichs, Schmidtendorf, Nitschke & Tuschen-Caffier, 2020).

Therapie-Tools Angststörungen im Kindes- und Jugendalter (Traub & In-Albon, 2017). Bei diesem Buch handelt es sich weniger um ein Behandlungsmanual als um eine Sammlung von Arbeitsblättern und Materialien zur verhaltenstherapeutischen Behandlung von Angststörungen im Kindes- und Jugendalter. Die meisten Inhalte sind auch für den Bereich der sozialen Ängste gut verwendbar. Die enthaltenen Materialien beziehen sich unter anderem auf die Bereiche Diagnostik, Psychoedukation, Kognition und Metakognition, Entspannung, Elternberatung und Rückfallprophylaxe.

6.5 Schwierige Therapiesituationen

In der Psychotherapie der Sozialen Angststörung können sich verschiedene schwierige Situationen ergeben, die nicht alle vorher antizipiert werden können. Häufig ergeben sich Probleme daraus, dass Patient*innen aufgrund ihrer starken Ängste die Konfrontation mit angstauslösenden Situationen nicht bewältigen können, die Therapie selbst angstauslösend ist, oder jüngere Kinder Schwierigkeiten haben, eine Einsicht in die Übertriebenheit der Ängste zu entwickeln.

6.5.1 Das Arbeiten an kognitiven Inhalten fällt dem Kind schwer, bzw. dysfunktionale Kognitionen werden als nicht übertrieben wahrgenommen

Insbesondere jüngeren Kindern kann es schwerfallen, negative Kognitionen zu hinterfragen und alternative Gedanken zu finden. Hilfreich kann es sein, die Gedanken zu externalisieren, in dem Sinne, dass negative Gedanken nicht vom Kind selbst, sondern von der Angst stammen. Dazu können Rollenspiele genutzt werden, in denen beispielsweise eine Figur die Stimme der Angst übernimmt (vgl. Tuschen-Caffier et al., 2009). Auch kommt es vor, dass es in der kognitiven Umstrukturierung nicht gelingt, die negativen Befürchtungen der Patient*innen restlos auszuräumen. In diesen Fällen sollten trotzdem positive Gegengedanken mit den Patient*innen entwickelt und Konfrontationsübungen genutzt werden, in denen Patient*innen die unmittelbare Erfahrung machen, dass ihre negativen Erwartungen nicht eintreten.

6.5.2 Patient*innen weigern sich aufgrund starker Angst eine Konfrontation durchzuführen

Konfrontationsübungen sind für Kinder und Jugendliche mit starken negativen Gefühlen und Angst verbunden, was zu einer Verweigerung der Konfrontation führen kann. In diesen Fällen kann ein Grund darin liegen, dass zu früh mit schwierigen Konfrontationen begonnen wurde, ohne dass der*die Patient*in von deren Sinnhaftigkeit überzeugt ist. In diesem Fall sollte mit den Patient*innen das Konfrontationsrational gut erarbeitet werden und ggf. wiederholt Konfrontationsübungen mit eher niedrigem Angstwert im geschützten Rahmen durchgeführt werden (z.B. das gleiche Rollenspiel wiederholt über mehrere therapeutische Sitzungen).

6.5.3 Patient*innen brechen eine Konfrontationsübung nach einem Misserfolg ab

Es kann vorkommen, dass Patient*innen in Konfrontationsübungen einen Misserfolg erleben, wie z. B. dass andere Personen ungünstig reagieren (z. B. bei einer Umfrage auf der Straße bekommt das Kind von einem Erwachsenen keine Antwort). Ungünstig wäre in diesen Situationen, wenn Patient*innen die Konfrontationsübung abbricht und so eine negative Lernerfahrung entsteht. Gut ist es, mögliche negative Erlebnisse vor der Konfrontation zuvor zu besprechen (z. B. Was für Gründe gibt es, warum jemand ablehnend reagiert? Gibt es alternative Interpretationen von Verhaltensweisen anderer Menschen?). Sollte sich das Kind oder der*die Jugendliche dennoch weigern, die Konfrontation weiterzuführen, kann es hilfreich sein, die weitere Konfrontation therapeutisch als Modell zu begleiten (z. B. den nächsten Passanten auf der Straße gemeinsam ansprechen). Wichtig ist hier zu beachten, dass die therapeutische Begleitung möglichst zügig wieder beendet wird und Patient*innen eine Expositionsübung wieder selbst durchführen.

6.5.4 Das Kind oder der*die Jugendliche sagt die Therapie häufig ab, mutmaßlich aufgrund von starken sozialen Ängsten vor der Therapiesituation

Psychotherapie bedeutet für Kinder und Jugendliche mit einer Sozialen Angststörung insbesondere zu Beginn eine angstauslösende Situation, da der*die Therapeut*in eine angstbesetzte Autoritätsperson ist. In diesen Fällen sollte zu Beginn der Therapie genug Zeit für den Beziehungsaufbau genutzt werden und Angstinhalte, die mit starker Scham besetzt sind, ggf. erst später vertieft werden. Auch kann ein Grund für die wiederholte Absage von Therapieterminen die Scham vor nicht bewältigten Therapieschritten sein, z. B., wenn eine Konfrontation als Hausaufgabe von den Patient*innen nicht durchgeführt wurde. Bei wiederholtem Absagen und Fernbleiben von der Therapie sollte (insbesondere bei Jugendlichen) möglichst frühzeitig das gemeinsame Gespräch mit den Patient*innen und ggf. den Eltern gesucht und das Vermeidungsverhalten angesprochen werden. Dabei ist es ratsam, eine neutrale therapeutische Haltung einzunehmen, in der auf die Eigenverantwortlichkeit und Motivation der Patient*innen Bezug genommen wird.

6.5.5 Trotz ambulanter Psychotherapie zeigt sich eine Verschlechterung der Symptomatik und es entwickelt sich zudem eine depressive Störung

Im Rahmen der Psychotherapie kann es zu Phasen einer Symptomverschlechterung kommen, insbesondere bei kritischen Lebensereignissen und Veränderungen im sozialen oder schulischen Umfeld der Patient*innen. Für Patient*innen und Bezugspersonen ist es oft nicht eindeutig, warum eine Verschlechterung der Symptomatik eingetreten ist, obwohl eine therapeutische Behandlung erfolgt. In diesen Fällen ist es wichtig, gemeinsam mit Familien mögliche Auslöser zu reflektieren (z. B. Schulwechsel mit neuem sozialem Umfeld) und damit Hilflosigkeit bei den Betroffenen abzubauen. Sollte sich über mehrere Wochen eine Störungsverschlechterung mit starken depressiven Symptomen entwickeln (z. B. Schulabsentismus, sozialer Rückzug, Konzentrationsstörungen, Traurigkeit oder Suizidgedanken), sollte eine vorübergehende (teil-)stationäre Behandlung in Erwägung gezogen werden.

6.6 Überprüfung der Lernziele

- Wie ist ein typischer Psychotherapieantrag für ein Kind mit einer Sozialen Angststörung gestaltet?
- Welche therapeutischen Überlegungen sind in den jeweiligen Therapiephasen notwendig (Diagnostik, Indikation, Psychoedukation, kognitive Arbeit, Exposition, multidisziplinäres Vorgehen)?
- Welche Behandlungsmanuale kennen Sie für welche Altersgruppe?
- Eine jugendlichen Patientin sagt wiederholt sehr kurzfristig die Psychotherapietermine ab. Wie gehen Sie damit um?

7 Psychotherapieforschung

> **Fallbeispiel**
>
> Der 8-jährige Johann wird mit starken sozialen Ängsten sowie Schulabsentismus (kein Schulbesuch in den letzten 6 Wochen) in eine Tagesklinik eingewiesen. Die Eltern sind zerstritten und befinden sich aktuell im Scheidungsprozess. Im letzten Winter ist die Großmutter mütterlicherseits überraschend an einem Herzinfarkt verstorben. Die Psychotherapeutin in Ausbildung auf Station ist sich aufgrund der familiären Stressfaktoren unsicher, ob Johann in der Klinik richtig ist, die hauptsächlich nach dem Konzept der Kognitiven Verhaltenstherapie arbeitet. Sie beschließt sich zu informieren zur generellen Wirksamkeit der Therapieverfahren sowie zur Wirksamkeit einzelner Elemente von Psychotherapie (z. B. Elterneinbezug).

> **Lernziele**
>
> - Sie können einschätzen, welche psychotherapeutischen Verfahren für die Behandlung der Sozialen Angststörung im Kindesalter empirische Evidenz zeigen.
> - Sie können die empirische Evidenz einzelner Wirkfaktoren (z. B. Einbezug der Eltern, Exposition) einschätzen.

7.1 Methoden der Psychotherapieforschung

Eine der Voraussetzungen, die zur Abrechnung einer Psychotherapie bei der Krankenkasse erfüllt sein muss, ist die empirisch nachgewiesene Wirksamkeit (Psychotherapeutengesetz §11). Es ist gesetzlich festgelegt, dass der Wissenschaftliche Beirat Psychotherapie Primärstudien zu Psychotherapieverfahren sichtet und diese nach ihrer Evidenz einstuft. Dies bildet dann die Grundlage für den Gemeinsamen Bundesausschuss (G-BA) zu entscheiden, ob das Verfahren auch sozialrechtlich zur Abrechnung zugelassen wird (Sozialgesetzbuch V) und in den Psychotherapielinien festgelegt wird. Somit ist die Psychotherapieforschung schon rechtlich eine außerordentlich wichtige Grundlage für die therapeutische Arbeit.

> **Hintergrundinformation: Forschung**
>
> In der Forschung sind verschiedene Ansätze zu unterscheiden. Zunächst werden Primärstudien eingesetzt, die mit Stichproben von Patient*innen z. B. neue Therapieverfahren gegen etablierte Therapieverfahren testen, um diese als weniger, genauso, oder stärker wirksam einzuschätzen. Aus diesen Primärstudien werden schließlich Metaanalysen abgeleitet, die viele Primärstudien zusammenfassen und generalisierende Aussagen zulassen. Metaanalysen sind zentral, um die Unabhängigkeit von Ergebnissen von einzelnen Studiendesigns, Forschungsgruppen und Stichproben zu zeigen. Auf einer weiteren Ebene sind Studien abzugrenzen, die ganze Therapieverfahren untersuchen, von sogenannten Dismantling-Studien, welche einzelne Therapiekomponenten untersuchen (z. B. Wirksamkeit von kognitiver Umstrukturierung plus Exposition vs. Exposition alleine). Diese Ergebnisse sind notwendig, um auf Wirkmechanismen der Psychotherapie zu schließen sowie Interventionen besser auf Ätiologie- und Aufrechterhaltungsmodelle zuzuschneiden.

7.2   Gesetzlich anerkannte Verfahren

Generell werden für die Behandlung von Kindern und Jugendlichen bei Indikation einer Sozialen Angststörung die Kosten für die Kognitive Verhaltenstherapie, die Tiefenpsychologisch fundierte Psychotherapie sowie die Analytische Psychotherapie von der Krankenkasse übernommen. Der Evidenzgrad für die Behandlung unterscheidet sich je nach Verfahren, wobei keine aktuellen Leitlinien für die Behandlung von Kindern und Jugendlichen mit Sozialen Angststörungen, sondern lediglich für die Behandlung von Erwachsenen vorliegen (Arbeitsgemeinschaft der Wissenschaftlichen Medizinischen Fachgesellschaften e. V. [AWMF], 2014). Im Folgenden wird sowohl auf die Leitlinien für Erwachsene als auch auf publizierte Metaanalysen zurückgegriffen. Es ist dabei zu beachten, dass bei erwachsenen Patient*innen zudem die Behandlung mit einer Pharmakotherapie (Selektive Serotoninwiederaufnahmehemmer (SSRI) oder Selektive Noradrenalinwiederaufnahmehemmer (SNRI)) empfohlen wird. Dies ist für Kinder und Jugendliche nur eingeschränkt der Fall (Higa-McMillan, Francis, Rith-Najarian & Chorpita, 2016).

7.2.1 Kognitive Verhaltenstherapie

Die Leitlinien zur Behandlung für Erwachsene mit Sozialer Angststörung (AWMF, 2014) empfehlen klar die Behandlung mit einer Kognitiven Verhaltenstherapie (Evidenzgrad Ia: Evidenz aus einer Metaanalyse von mindestens drei randomisierten kontrollieren Studien [RCTs]). Die vorliegenden Leitlinien aus Großbritannien, die zudem Evidenz für Kinder und Jugendliche umfassen, setzen ebenfalls die Kognitive Verhaltenstherapie als Goldstandard für die Behandlung der Sozialen Angststörung fest (National Institute for Health and Care Excellence [NICE], 2013). Metaanalysen zur Wirksamkeit von Psychotherapie bei Angststörungen im Kindes- und Jugendalter allgemein (Higa-McMillan et al., 2016; In-Albon & Schneider, 2007) wie auch für die Soziale Angststörung speziell (Scaini, Belotti, Ogliari & Battaglia, 2016), empfehlen ebenfalls die Kognitive Verhaltenstherapie als am besten untersuchte Behandlung.

In einem Vergleich von verschiedenen Angststörungen, die alle mit Kognitiver Verhaltenstherapie behandelt wurden (Hudson et al., 2015) zeigte sich, dass Kinder mit Sozialer Angststörung im Vergleich zu Kindern mit anderen Angststörungen weniger von der Therapie profitieren. Die Soziale Angststörung ist also vergleichsweise behandlungsresistent, was jedoch unter anderem daran liegen könnte, dass Therapien in Studien eher kurz sind, während die Soziale Angststörung vielleicht einer längeren Behandlung bedarf (vgl. Empfehlung von Hudson et al., 2015). Darüber hinaus wird empfohlen, verstärkt auf die Umsetzung von Modulen zu achten, welche an die die Ätiologie und Aufrechterhaltung angepasst sind wie z. B. soziales Kompetenztraining (Scaini et al., 2016).

Generell deuten die Befunde darauf hin, dass die Kognitive Verhaltenstherapie die Therapiemethode der Wahl mit großer Effektgröße ist (Scaini et al., 2016), wenngleich noch nicht in Gänze nachvollzogen werden kann, wie welche einzelnen Elemente wirken (▶ Kap. 7.3).

7.2.2 Psychodynamische Psychotherapien: Tiefenpsychologisch fundierte und analytische Psychotherapie

In den Leitlinien zur Behandlung für Erwachsene mit Sozialer Angststörung (AWMF, 2014) werden diese Therapierichtungen als Psychodynamische Psychotherapien zusammengefasst. Sie werden empfohlen, falls eine Kognitive Verhaltenstherapie nicht erfolgreich war (Evidenzgrad Ib: Evidenz aus mindestens einer randomisierten kontrollierten Studie oder einer Metaanalyse von weniger als drei RCTs). Traditionell arbeiten psychodynamische Psychotherapien eher störungsübergreifend im Vergleich zu der sehr störungsorientierten Kognitiven Verhaltenstherapie. Somit liegen insbesondere allgemeine Befunde zu psychodynamischen Psychotherapien im Kindes- und Jugendalter vor. Eine Studie aus dem Jahr 2017 (Midgley, O'Keeffe, French & Kennedy, 2017) schätzt die Evidenz für Angststörungen vorsichtig als vielversprechend ein und bezieht sich auf zwei Pilotstudien ohne Kontrollgruppe. Eine vergleichende Metaanalyse zu den letzten

50 Jahren Psychotherapieforschung (Higa-McMillan et al., 2016) kommt letztlich zu dem Schluss, dass psychodynamische Psychotherapien zur Behandlung von Angst bei Kindern lediglich geringe Unterstützung aus empirischen Befunden erfahren. Somit liegen schließlich zu wenige Studien vor, um eine empirische Basis für die Anwendung Psychodynamischer Psychotherapien bei Kindern mit sozialen Angststörungen zu liefern.

7.3 Weitere Verfahren

7.3.1 Systemische Therapie

Unter systemischer Therapie werden oft verschiedene Verfahren (z. B. Familientherapie) zusammengefasst, die nicht alle primär systemisch angelegt sind. In der vergleichenden Übersicht zur Behandlung von Angststörungen bei Kindern und Jugendlichen (Higa-McMillan et al., 2016) wird diese, z. B. als generell familienbezogene Psychoedukation explizit in der gesamten Familie von der Evidenz unterstützt (Einschätzung als »wahrscheinlich effektiv«), jedoch fließen keine primär systemischen Ansätze in die Übersichtsarbeit ein, da diese auf randomisiert kontrollierten Studien fokussiert. Obgleich der Wissenschaftliche Beirat im Jahr 2017 die Systemische Therapie für den Erwachsenenbereich als wirksam anerkannt hat, liegen für das Kindes- und Jugendalter keine ausreichenden Studien vor (Retzlaff, Haun, Beher & von Sydow, 2017; Rudolf & Schulte, 2008). Eine Metaanalyse zu verschiedenen psychischen Auffälligkeiten und Störungen im Kindes- und Jugendalter (Carr, 2014) zeigt Evidenz der Wirksamkeit systemischer Therapie für verschiedene Problembereiche von Kindern wie z. B. Essstörungen oder Vernachlässigung, aber kaum für Angststörungen.

7.3.2 Andere Verfahren

Eine Vielzahl anderer Verfahren beschäftigen sich mit der Reduktion von Angst wie z. B. Stresstrainings, Entspannungsverfahren oder Biofeedback. Evidenz für Hinweise zur Wirksamkeit zeigen sich für Hypnose und kulturelles Geschichtenerzählen (Higa-McMillan et al., 2016), auch wenn die Befunde aus dem Jahr 1994 stammen und repliziert werden sollten. Achtsamkeitsbasierte Verfahren jedoch werden z. B. in den nationalen Richtlinien in Großbritannien nicht für die Behandlung der Sozialen Angststörung empfohlen (NICE, 2013). Weitere Verfahren wie Schematherapie (z. B. Loose & Pietrowsky, 2016) und emotionsorientierte Verfahren (z. B. Suveg, Kendall, Comer & Robin, 2006) werden aktuell beforscht, gelten jedoch noch nicht als evidenzbasiert.

7.4 Wirksamkeit einzelner Elemente

Eine der zentralen Herausforderungen der aktuellen Therapieforschung ist die Beantwortung der Frage, bei welchem*r Patienten*in welches Verfahren in welcher Reihenfolge eingesetzt werden sollte (Higa-McMillan et al., 2016). Modularisierte Behandlungen, die auf den*die Patient*in zugeschnitten sind, führen wahrscheinlich zu schnelleren Behandlungserfolgen als standardisierte (empirisch validierte) Behandlungen (Chorpita et al., 2013; Weisz et al., 2012). Daran anschließend gilt es zu erklären, wie und warum diese Behandlungselemente wirken. Im Folgenden werden einige beispielhafte Elemente herausgegriffen, die für die Behandlung der Sozialen Angststörung relevant sind.

7.4.1 Exposition

Exposition in vivo gilt als der Hauptwirkmechanismus von Psychotherapie bei Angststörungen, worüber nicht nur Vermeidungsverhalten abgebaut wird, sondern auch Kognitionen verändert werden können (Craske, Treanor, Conway, Zbozinek & Vervliet, 2014; ▶ Kap. 6.3.4). Neben der Kognitiven Verhaltenstherapie als Gesamtpaket gilt auch für Kinder und Jugendliche die Exposition als von der Evidenz am besten unterstütztes Element der Psychotherapie (Higa-McMillan et al., 2016).

7.4.2 Psychoedukation

Psychoedukation beinhaltet das Bestreben, Patient*innen bestmöglich über ihr Störungsbild aufzuklären, zugrundeliegende Faktoren zu erarbeiten und so ein für den*die Patient*in verständliches subjektives Störungsbild zu erarbeiten. In den Bereich fällt darüber hinaus die Aufklärung über den Sinn von Angst, die Häufigkeit von Angststörungen sowie die Zusammenhänge zwischen Kognitionen, Verhalten und körperlichen Funktionen. In diesem engeren Sinne ist Psychoedukation als separates Element bislang kaum untersucht, sondern wird meist mit mindestens grundlegenden Kompetenztrainings oder einfachen Expositionssitzungen kombiniert (z. B. Gallagher, Rabian & McCloskey, 2004; Masia-Warner et al., 2005). In-Albon und Schneider (2007) berichten einen moderaten Effekt von Psychoedukation allein, empfehlen jedoch weitere Forschung. Insgesamt wird Psychoedukation in der Kognitiven Verhaltenstherapie bei Angststörungen im Kindesalter nach Exposition, Kognitiven Verfahren und Entspannungsverfahren am häufigsten eingesetzt (Higa-McMillan et al., 2016).

7.4.3 Kognitive Interventionen

Die kognitive Umstrukturierung als Teilelement der Kognitiven Verhaltenstherapie wurde bis heute nicht ausführlich als Einzelelement untersucht. Alle bislang evidenzbasierten Therapiemanuale zur Sozialen Angststörung beinhalten auch diese Komponente. Aus theoretischer Sicht (▶ Kap. 5) ergibt dies Sinn, da die kognitiven Mechanismen, die der Sozialen Angststörung zugrunde liegen, für deren Entstehung und Aufrechterhaltung entscheidend sind. Darüber hinaus ist eine Untersuchung der Kognitiven Umstrukturierung allein insbesondere bei Kindern eher schwierig, da für diese der Übungscharakter der Exposition in vivo einfacher zu verstehen ist.

Die Rational Emotive Therapie, die als rein kognitives Verfahren gilt, erhält nur wenig Unterstützung über die vorliegende Evidenz (Higa-McMillan et al., 2016). Es existieren andere, diesen Bereich betreffende Verfahren, wie z. B. das Verfahren der Aufmerksamkeitskontrolle (attention control) oder die Veränderung kognitiver Verzerrungen (cognitive bias modification). Diese unterscheiden sich oft trotz ähnlicher Bezeichnungen in der konkreten Durchführung. Während erste Evidenz für die Aufmerksamkeitskontrolle vorliegt (Higa-McMillan et al., 2016), zeigt eine andere Studie deren Abhängigkeit vom Alter des Kindes, indem insbesondere ältere Kinder profitieren (Pergamin-Hight, Pine, Fox & Bar-Haim, 2016). Ein allgemeines Review bezweifelt den Nutzen von Veränderungen kognitiver Verzerrungen für Kinder und Jugendliche in Abgrenzung zu Erwachsenen, da sich bei ersteren zwar die kognitiven Verzerrungen, nicht jedoch die Angst ändert (Cristea, Mogoaşe, David & Cuijpers, 2015). Der Hauptwirkfaktor der Kognitiven Verhaltenstherapie scheint somit nach aktuellem Forschungsstand die Exposition zu sein.

7.4.4 Aufbau sozialer Fertigkeiten

Insbesondere im Kindesalter werden in Therapiemanualen für Kinder und Jugendliche Übungen zum Aufbau sozialer Kompetenzen integriert (z. B. »Mutig werden mit Til Tiger«, Ahrens-Eipper et al., 2009; »Soziale Ängste und Soziale Angststörung im Kindes- und Jugendalter«, Tuschen-Caffier et al., 2011). Studien zur Wirksamkeit des Aufbaus sozialer Fertigkeiten bei der Sozialen Angststörung im Kindes- und Jugendalter speziell liegen nicht vor; jedoch zeigen Ergebnisse für Angststörungen allgemein nur minimale Evidenz (Higa-McMillan et al., 2016). Hier ist jedoch zu beachten, dass dieses Ergebnis nur auf einer Studie beruht. In ca. 15% der Angstbehandlungen wird ein Training sozialer Kompetenzen eingesetzt, was somit seltener als Problemlösestrategien, Exposition oder Kognitive Verfahren Anwendung findet (Higa-McMillan et al., 2016). Dies könnte dem Fakt geschuldet sein, dass die Relevanz sozialer Fertigkeiten nicht für alle Angststörungen gleichermaßen gegeben ist (▶ Kap. 5.5, *soziale Kompetenzen*). Somit ist aktuell keine klare Empfehlung zu geben, ob der Aufbau sozialer Fertigkeiten evidenzbasiert immer umgesetzt werden sollte. Da zudem nicht alle Kinder und Jugendlichen unter einem sozialen Kompetenzdefizit zu leiden scheinen (z. B. Cartwright-Hatton, Tschernitz & Gomersall, 2005), ist in der praktischen Versorgung abzuklären, ob ein Defizit besteht und darauf basierend über den Einsatz von Strategien zum Aufbau sozialer Kompetenzen zu entscheiden.

7.4.5 Einbezug der Eltern

Seit vielen Jahren gilt die Frage als nicht abschließend geklärt, ob der Einbezug von Eltern in die Psychotherapie ihres Kindes einen zusätzlichen Effekt mit sich bringt: Während einzelne Studien für Angststörungen allgemein zeigen, dass z. B. eine kognitiv-verhaltenstherapeutische Intervention noch bessere Effekte zeigt, wenn die Eltern einbezogen werden (Barrett, Dadds & Rapee, 1996), zeigen Metaanalysen (Breinholst, Esbjørn, Reinholdt-Dunne & Stallard, 2012; Higa-McMillan et al., 2016; In-Albon & Schneider, 2007; Thulin, Svirsky, Serlachius, Andersson & Öst, 2014) keine klare Präferenz für die Behandlung mit versus ohne Eltern. Dabei ist jedoch zu beachten, dass die Forschung sowohl zu der Relevanz der Eltern bezüglich der Entstehung und Aufrechterhaltung von Angststörungen wie auch für die Behandlung von Angststörungen sehr heterogen ist. Der Einbezug von Eltern beinhaltete in verschiedenen Studien z. B., die Eltern durch eine Einwegscheibe an jeder Sitzung teilnehmen zu lassen, die Eltern als Co-Therapeut*innen auszubilden, ausschließlich die Eltern zu behandeln oder regelmäßig Elternsitzungen abzuhalten. Diese Heterogenität erlaubt keine schlussendlichen Aussagen über die Relevanz der Eltern für den Therapieerfolg. So fordern andere Autor*innen (Taboas, McKay, Whiteside & Storch, 2015) weitere Forschung, um diese Frage abschließend zu klären. Diese Argumentation gilt auch für die Soziale Angststörung im Speziellen (Scaini et al., 2016), wobei hier insbesondere ältere Kinder betrachtet wurden. Für den Einbezug der Eltern spricht theoretisch der »transfer of control approach« (Berman et al., 2000; Silverman & Kurtines, 1996), welcher besagt, dass die Eltern als Co-Therapeut*innen den Therapieerfolg im Alltag und über das Therapieende hinaus sichern. Demgegenüber steht der »self-efficacy approach« (z. B. Kendall et al., 2016), welcher betont, dass das Kind eine hohe Selbstwirksamkeit erfährt und aufbaut. Die Frage, ob die Relevanz des Einbezugs der Eltern z. B. davon abhängt, wie alt das Kind ist, welche Psychopathologie die Eltern einbringen oder welche spezielle Angst das Kind primär berichtet, gilt es weiterhin zu klären. Schlussendlich ist nach aktuellem Stand jedoch davon auszugehen, dass sowohl der Einbezug der Eltern wie auch die Therapie des Kindes alleine zu Therapieerfolg führen (können).

7.4.6 Psychopharmakotherapie

Die Behandlung der Sozialen Angststörung mit Serotonin-Wiederaufnahmehemmern (SSRIs; Gruppe der Antidepressiva) ist in Deutschland bei Kindern und Jugendlichen nicht erlaubt (▶ Kap. 6.3.8). Studien aus dem US-amerikanischen Raum zeigen, dass bei einer Angststörung im Kindes- und Jugendalter eine Kombinationsbehandlung (Kognitive Verhaltenstherapie und Medikation) Therapien mit nur einer Methode (Kognitive Verhaltenstherapie oder Medikation) überlegen ist (Ginsburg et al., 2011), während beide Methoden alleine ähnliche Erfolge zeigen. Allerdings zeigt sich hier ähnlich wie in reinen Psychotherapiestudien (Hudson et al., 2015), dass die Diagnose einer Sozialen Angststörung zu einem schlechteren Therapieerfolg führt. Im Erwachsenenalter wurden bislang erheblich mehr Studien durchgeführt (Blanco et al., 2003), die zusammenfassend zu einer Empfehlung sowohl von Psychopharmakotherapie mit Antidepressiva wie auch Kognitiver Verhaltenstherapie jeweils in Einzelbehandlung führen, während kein stärkerer Effekt einer Kombinationsbehandlung angenommen wird (Stein & Stein, 2008). Nach bisherigem Erkenntnisstand bleibt somit im Kindes- und Jugendalter die klare Empfehlung, zunächst eine Psychotherapie (evidenzbasierte Kognitive Verhaltenstherapie) durchzuführen, die bei ausbleibendem Therapieerfolg im Rahmen eines individuellen Heilversuches nach Absprache mit eine*r Kinder- und Jugendmediziner*in durch ein SSRI ergänzt werden kann.

7.4.7 Individuelle vs. Gruppentherapie

Diverse Metaanalysen bzw. Reviews kommen zum Schluss, dass sowohl Gruppen- wie auch individuelle Psychotherapien erfolgreich sind, sofern sie auf kognitiv-verhaltenstherapeutischen Grundprinzipien basieren (In-Albon & Schneider, 2007; Scaini et al., 2016). Dies zeigen auch direkte Vergleiche von beiden Settings, die keine klare Präferenz für die Bedingungen »Gruppen-« oder »Individualtherapie« zeigten (Herbert et al., 2009; Ingul, Aune & Nordahl, 2014). Scaini et al. (2016) argumentieren, dass der Hauptwirkfaktor in der Gruppe nicht die Gruppe selbst ist, sondern die Umsetzung eines sozialen Kompetenztrainings in dieser. Somit obliegt die Entscheidung, ob eine Therapie individuell oder in der Gruppe umgesetzt werden soll, den praktischen und formalen Gegebenheiten und nicht der Überlegung einer stärkeren Evidenz.

7.5 Überprüfung der Lernziele

- Welches therapeutische Verfahren sollte für Johann (siehe Fallbeispiel) basierend auf der vorliegenden Evidenz gewählt werden?
- Welche einzelnen Elemente der Psychotherapie sollten bei Johann laut Evidenz in den Fokus gerückt werden?

Literatur

Adornetto, C., Suppiger, A., In-Albon, T., Neuschwander, M. & Schneider, S. (2012). Sources of disagreement between the ICD-10 and DSM-IV-TR for anxiety disorders in childhood and adolescence. *Child and Adolescent Psychiatry and Mental Health, 6*(1), 40.

Ahrens-Eipper, S., Leplow, B. & Nelius, K. (2009). *Mutig werden mit Til Tiger: Ein Trainingsprogramm für sozial unsichere Kinder*. Göttingen: Hogrefe.

Aldao, A., Nolen-Hoeksema, S. & Schweizer, S. (2010). Emotion-regulation strategies across psychopathology: A meta-analytic review. *Clinical Psychology Review, 30*(2), 217–237. https://doi.org/10.1016/j.cpr.2009.11.004

Alfano, C. A., Beidel, D. C. & Turner, S. M. (2002). Cognition in childhood anxiety: conceptual, methodological, and developmental issues. *Clinical Psychology Review, 22*(8), 1209–1238.

Alfano, C. A., Beidel, D. C. & Turner, S. M. (2006). Cognitive correlates of social phobia among children and adolescents. *Journal of Abnormal Child Psychology, 34*(2), 182–194.

American Psychiatric Association. (2013). *Diagnostic and statistical manual of mental disorders (DSM-5®)*. American Psychiatric Pub.

American Psychiatric Association. (2015). *Diagnostisches und Statistisches Manual Psychischer Störungen – DSM-5 ®*. (P. Falkei & H.-U. Wittchen, Hrsg.). Göttingen: Hogrefe.

Ameringen, M. Van, Mancini, C. & Farvolden, P. (2003). The impact of anxiety disorders on educational achievement. *Journal of Anxiety Disorders, 17*(5), 561–571.

Anderson, E. R. & Hope, D. a. (2009). The relationship among social phobia, objective and perceived physiological reactivity, and anxiety sensitivity in an adolescent population. *Journal of Anxiety Disorders, 23*(1), 18–26.

Arbelle, S., Benjamin, J., Golin, M., Kremer, I., Belmaker, R. H. & Ebstein, R. P. (2003). Relation of shyness in grade school children to the genotype for the long form of the serotonin transporter promoter region polymorphism. *American Journal of Psychiatry, 160*(4), 671–676.

Asbrand, J., Blechert, J., Nitschke, K., Tuschen-Caffier, B. & Schmitz, J. (2017). Aroused at home: Basic autonomic regulation during orthostatic and physical activation is altered in children with social anxiety disorder. *Journal of Abnormal Child Psychology, 45*(1), 143–155. https://doi.org/10.1007/s10802-016-0147-7

Asbrand, J., Heinrichs, N., Schmidtendorf, S., Nitschke, K. & Tuschen-Caffier, B. (2020). *Experience versus report: Where are changes seen after exposure-based cognitive-behavioral therapy? A randomized controlled group treatment of childhood social anxiety disorder*. Child Psychiatry and Human Development. Accepted.

Asbrand, J., Hudson, J. L., Schmitz, J. & Tuschen-Caffier, B. (2017). Maternal parenting and child behaviour: An observational study of childhood social anxiety disorder. *Cognitive Therapy and Research, 41*(4), 562–575. https://doi.org/10 1007/s10608-016-9828-3

Asbrand, J., Krämer, M., Tuschen-Caffier, B. & Schmitz, J. (2014). Der Einfluss von situativer Angst auf die soziale Performanz und Selbstbewertung von Kindern mit sozialen Ängsten. *Zeitschrift für Klinische Psychologie und Psychotherapie, 43*(2), 83–91.

Asbrand, J., Schmitz, J., Krämer, M., Nitschke, K., Heinrichs, N., Tuschen-Caffier, B. (2019). Effects of group-based CBT on post-event processing in children with social anxiety disorder following an experimental social stressor. *Journal of Abnormal Child Psychology, 47*, 1945–1956.

Asbrand, J., Svaldi, J., Krämer, M., Breuninger, C. & Tuschen-Caffier, B. (2016). Familial accumulation of social anxiety symptoms and maladaptive emotion regulation. *PLoS ONE, 11*(4), 1–14. https://doi.org/10.1371/journal.pone.0153153

Bakow, T. L., Pincus, D. B., Ehrenreich, J. T. & Brody, L. R. (2009). The metacognitions questionnaire for children: Development and validation in a clinical sample of children and adolescents with anxiety disorders. *Journal of Anxiety Disorders, 23*(6), 727–736.

Barrett, P. M., Dadds, M. R. & Rapee, R. M. (1996). Family treatment of childhood anxiety: A controlled trial. *Journal of Consulting and Clinical Psychology, 64*(2), 333–342.

Beesdo-Baum, K. & Knappe, S. (2012). Developmental epidemiology of anxiety disorders. *Child and Adolescent Psychiatric Clinics of North America, 21*(3), 456–478.

Beesdo-Baum, K., Knappe, S., Fehm, L., Höfler, M., Lieb, R., Hofmann, S. G. et al. (2012). The natural course of social anxiety disorder among adolescents and young adults. *Acta Psychiatrica Scandinavica, 126*(6), 411–425.

Beidel, D. C., Turner, S. M. & American Psychological Association. (2007). *Shy children, phobic adults: Nature and treatment of social anxiety disorder*. Washington, DC: American Psychological Association.

Beidel, D. C., Turner, S. M. & Morris, T. L. (1999). Psychopathology of childhood social phobia. *Journal of the American Academy of Child & Adolescent Psychiatry, 38*(6), 643–650.

Benjamin, R. S., Costello, E. J. & Warren, M. (1990). Anxiety disorders in a pediatric sample. *Journal of Anxiety Disorders, 4*(4), 293–316.

Berman, S. L., Weems, C. F., Silverman, W. K., Kurtines, W. M. (2000). Predictors of outcome in exposure-based cognitive and behavioral treatments for phobic and anxiety disorders in children. *Behavior Therapy, 31*, 713–731.

Blanco, C., Schneier, F. R., Schmidt, A., Blanco-Jerez, C.-R., Marshall, R. D., Sánchez-Lacay, A. & Liebowitz, M. R. (2003). Pharmacological treatment of social anxiety disorder: A meta-analysis. *Depression and Anxiety, 18*, 29–40. https://doi.org/doi.org/10.1002/da.10096

Blum, H. & Beck, D. (2016). *No Blame Approach – Mobbing-Intervention in der Schule*. Köln: fairaend.

Bögels, S. M. & Phares, V. (2008). Fathers' role in the etiology, prevention and treatment of child anxiety: A review and new model. *Clinical Psychology Review, 28*(4), 539–558. https://doi.org/10.1016/j.cpr.2007.07.011

Bögels, S. M., Alden, L., Beidel, D. C., Clark, L. A., Pine, D. S., Stein, M. B. & Voncken, M. (2010). Social anxiety disorder: Questions and answers for the DSM-V. *Depression and Anxiety, 27*(2), 168–189. https://doi.org/10.1002/da.20670

Bradley, M. M. & Lang, P. J. (2007). Emotion and motivation. In J. T. Cacioppo, L. G. Tassinary & G. G. Berntson (Eds.), *Handbook of psychophysiology* (3rd ed., pp. 581–607). New York, NY: Cambridge University Press.

Breinholst, S., Esbjørn, B. H., Reinholdt-Dunne, M. L. & Stallard, P. (2012). CBT for the treatment of child anxiety disorders: A review of why parental involvement has not enhanced outcomes. *Journal of Anxiety Disorders, 26*(3), 416–424. https://doi.org/10.1016/j.janxdis.2011.12.014

Büch, H. & Döpfner, M. (2011). *Soziale Ängste: Therapieprogramm für Kinder und Jugendliche mit Angst- und Zwangsstörungen (THAZ) – Band 2*. Göttingen: Hogrefe.

Bufferd, S. J., Dougherty, L. R., Carlso, N. G. A., Rose, S. & Klein, D. N. (2012). Psychiatric disorders in preschoolers: Continuity from ages 3 to 6. *American Journal of Psychiatry, 169*(11), 1157–1164. doi:10.1176/appi.ajp.2012.12020268

Cannon, W. B. (1914). The emergency function of the adrenal medulla in pain and the major emotions. *American Journal of Physiology, 33*, 356–372.

Carballo, J. J., Baca-Garcia, E., Blanco, C., Perez-Rodriguez, M. M., Jimenez Arriero, M. A., Artes-Rodriguez, A. et al. (2010). Stability of childhood anxiety disorder diagnoses: A follow-up naturalistic study in psychiatric care. *European Child and Adolescent Psychiatry, 19*(4), 395–403.

Carr, A. (2014). The evidence base for family therapy and systemic interventions for child-focused problems. *Journal of Family Therapy, 36*(2), 107–157. https://doi.org/10.1111/1467-6427.12032

Cartwight-Hatton, S., McNicol, K. & Doubleday, E. (2006). Anxiety in a neglected population: Prevalence of anxiety disorders in pre-adolescent children. *Clinical Psychology Review, 26*(7), 817–833.

Cartwright-Hatton, S., Hodges, L. & Porter, J. (2003). Social anxiety in childhood: The relationship with self and observer rated social skills. *Journal of Child Psychology and Psychiatry, and Allied Disciplines, 44*(5), 737–742.

Cartwright-Hatton, S., Tschernitz, N. & Gomersall, H. (2005). Social anxiety in children: Social skills deficit, or cognitive distortion? *Behaviour Research and Therapy, 43*(1), 131–141. https://doi.org/10.1016/j.brat.2003.12.003

Chavira, D. A., Stein, M. B., Bailey, K. & Stein, M. T. (2004). Comorbidity of generalized social anxiety disorder and depression in a pediatric primary care sample. *Journal of Affective Disorders, 80*(2–3), 163–171. https://doi.org/10.1016/S0165-0327(03)00103-4

Chorpita, B. F., Research Network on Youth Mental Health, Weisz, J. R., Daleiden, E. L., Schoenwald, S. K., Palinkas, L. A., ..., Gibbons, R. D. (2013). Long-term outcomes for the Child STEPs randomized effectiveness trial: A comparison of modular and standard treatment designs with usual care. *Journal of Consulting and Clinical Psychology, 81*, 999–1009. https://doi:10.1037=a0034200

Clark, D. M. & Wells, A. (1995). A cognitive model of social phobia. In R. G. Heimberg, M. Liebowitz, D. Hope & F. Scheier (Eds.), *Social phobia: Diagnosis, assessment, and treatment* (pp. 69–93). New York: Guilford Press.

Cole, P. M., Martin, S. E. & Dennis, T. A. (2004). Emotion regulation as a scientific construct: Methodological challenges and directions for child development research. *Child development, 75*(2), 317–333.

Craske, M. G., Treanor, M., Conway, C., Zbozinek, T. & Vervliet, B. (2014). Maximizing exposure therapy: An inhibitory learning approach. *Behavior Modification, 58*, 10–23. https://doi.org/10.1016/j.brat.2014.04.006.Maximizing

Cristea, I. a., Mogoașe, C., David, D. & Cuijpers, P. (2015). Practitioner review: Cognitive bias modification for mental health problems in children and adolescents: A meta-analysis. *Journal of Child Psychology and Psychiatry and Allied Disciplines, 56*(7), 723–734. https://doi.org/10.1111/jcpp.12383

Cummings, C. M., Caporino, N. E. & Kendall, P. C. (2014). Comorbidity of anxiety and depression in children and adolescents: 20 years after. *Psychological Bulletin, 140*(3), 816–845. https://doi.org/10.1037/a0034733.Comorbidity

de Vente, W., Majdandzic, M. & Bögels, S. (2014). The pathophysiology of social anxiety. In J.W. Weeks (Eds.), *The Wiley Blackwell handbook of social anxiety disorder*. West sussex: Wiley.

Dill, E. J., Vernberg, E. M., Fonagy, P., Twemlow, S. W. & Gamm, B. K. (2004). Negative affect in victimized children: The roles of social withdrawal, peer rejection, and attitudes toward bullying. *Journal of Abnormal Child Psychology, 32*(2), 159–173.

Dodd, H. F., Hudson, J. L., Williams, T., Morris, T., Lazarus, R. S. & Byrow, Y. (2014). Anxiety and attentional bias in preschool-aged children: An eyetracking study. *Journal of Abnormal Child Psychology, 43*(6), 1055–1065.

Domschke, K., Stevens, S., Beck, B., Baffa, A., Hohoff, C., Deckert, J. & Gerlach, A. L. (2009). Blushing propensity in social anxiety disorder: Influence of serotonin transporter gene variation. *Journal of Neural Transmission, 116*(6), 663–666. doi:10.1007/s00702-008-0090-z

Döpfner, M. & Görtz-Dorten, A. (2010). Probleme der dimensionalen Diagnostik psychischer Störungen des Kindes- und Jugendalters. *Klinische Diagnostik und Evaluation, 3*(2), 123–141.

Döpfner, M. & Görtz-Dorten, A. (2017). *Diagnostiksystem für psychische Störungen nach ICD-10 und DSM-5 für Kinder und Jugendliche – III*. Göttingen: Hogrefe.

Döpfner, M., Plück, J., Kinnen, C. & Arbeitsgruppe Deutsche Child Behavior Checklist (2014). *CBCL/6-18R – Deutsche Schulalter-Formen der Child Behavior Checklist von Thomas M. Achenbach*. Göttingen: Hogrefe.

Döpfner, M., Schnabel, M., Goletz, H. & Ollendick, T. H. (2006). *PHOKI – Phobiefragebogen für Kinder und Jugendliche*. Göttingen: Hogrefe.

Dudeney, J., Sharpe, L. & Hunt, C. (2015). Attentional bias towards threatening stimuli in children with anxiety: A meta-analysis. *Clinical Psychology Review, 40,* 66–75. doi:10.1016/j.cpr.2015.05.007

Eisenberg, N., Fabes, R. A., Shepard, S. A., Guthrie, I. K., Murphy, B. C. & Reiser, M. (1999). Parental reactions to children's negative emotions: Longitudinal relations to quality of children's social functioning. *Child Development, 70*(2), 513–534. https://doi.org/10.1111/1467-8624.00037

Epkins, C. C. & Heckler, D. R. (2011). Integrating etiological models of social anxiety and depression in youth: Evidence for a cumulative interpersonal risk model. *Clinical Child and Family Psychology Review, 14*(4), 329–376. https://doi.org/10.1007/s10567-011-0101-8

Epkins, C. C. (2002). A Comparison of two self-report measures of children's social anxiety in clinic and community samples. *Journal of Clinical Child and Adolescent Psychology, 31* (1), 69–79.

Erath, S. a, Flanagan, K. S. & Bierman, K. L. (2007). Social anxiety and peer relations in early adolescence: Behavioral and cognitive factors. *Journal of Abnormal Child Psychology, 35* (3), 405–416. doi:10.1007/s10802-007-9099-2

Esbjørn, B. H., Hoeyer, M., Dyrborg, J., Leth, I. & Kendall, P. C. (2010). Prevalence and comorbidity among anxiety disorders in a national cohort of psychiatrically referred children and adolescents. *Journal of Anxiety Disorders, 24*(8), 866–872. doi:10.1016/j.janxdis.2010.06.009

Essau, C. A., Conradt, J. & Petermann, F. (2000). Frequency, comorbidity, and psychosocial impairment of anxiety disorders in german adolescents. *Journal of Anxiety Disorders, 14* (3), 263–279. https://doi.org/10.1016/S0887-6185(99)00039-0

Essex, M. J., Klein, M. H., Slattery, M. J., Goldsmith, H. H. & Kalin, N. H. (2010). Early risk factors and developmental pathways to chronic high inhibition and social anxiety disorder in adolescence. *The American Journal of Psychiatry, 167*(1), 40–46. https://doi.org/10.1176/appi.ajp.2009.07010051

Federer, M., Stüber, S., Margraf, J., Schneider, S. & Herrle, J. (2001). Selbst- und Fremdeinschätzung der Kinderängstlichkeit. *Zeitschrift für Differentielle und Diagnostische Psychologie, 22*(3), 194–205.

Gallagher, H. M., Rabian, B. A. & McCloskey, M. S. (2004). A brief group cognitive-behavioral intervention for social phobia in childhood. *Journal of Anxiety Disorders, 18*(4), 459–479. https://doi.org/10.1016/S0887-6185(03)00027-6

Gallagher, M., Prinstein, M. J., Simon, V. & Spirito, A. (2014). Social anxiety symptoms and suicidal ideation in a clinical sample of early adolescents: Examining loneliness and social support as longitudinal mediators. *Journal of Abnormal Child Psychology, 42,* 871–883.

Gilbert, P. (2001). Evolution and social anxiety: The role of attraction, social competition, and social hierarchies. *Psychiatric Clinics of North America, 24,* 723–751. doi:10.1016/S0193-953X(05)70260-4

Ginsburg, G. S., La Greca, A. M. & Silverman, W. K. (1998). Social anxiety in children with anxiety disorders: Relation with social and emotional functioning. *Journal of Abnormal Child Psychology, 26*(3), 175–185.

Ginsburg, G. S., Riddle, M. A. & Davies, M. (2006). Somatic symptoms in children and adolescents with anxiety disorders. *Journal of the American Academy of Child and Adolescent Psychiatry, 45*(10), 1179–1187. doi:10.1097/01.chi.0000231974.43966.6e

Ginsburg, G. S., Sakolsky, D., Piacentini, J., Walkup, J. T., Coffey, K. a, Keeton, C. P., ... March, J. (2011). Remission after acute treatment in children and adolescents with anxiety disorders: Findings from the CAMS. *Journal of Clinical and Consulting Psychology, 79* (6), 806–813. https://doi.org/10.1037/a0025933.Remission

Gosch, E. A., Flannery-Schroeder, E., Mauro, C. F. & Compton, S. N. (2006). Principles of cognitive-behavioral therapy for anxiety disorders in children. *Journal of Cognitive Psychotherapy, 20*(3), 247–262.

Grant, B. F., Hasin, D. S., Blanco, C., Stinson, F. S., Chou, S. P., Goldstein, R. B. & Huang, B. (2005). The epidemiology of social anxiety disorder in the United States: results from

the national epidemiologic survey on alcohol and related conditions. *The Journal of Clinical Psychiatry, 66*, 1351–1361.
Greca, A. M. La & Harrison, H. M. (2005). Adolescent peer relations, friendships, and romantic relationships: Do they predict social anxiety and depression? *Journal of Clinical Child and Adoelscent Psychology, 34*(1), 49–61.
Gross, J. J. & Feldman Barrett, L. (2011). Emotion generation and emotion regulation: One or two depends on your point of view. *Emotion Review, 3*(1), 8–16. https://doi.org/10.1177/1754073910380974
Halldorsson, B. & Creswell, C. (2017). Social anxiety in pre-adolescent children: What do we know about maintenance? *Behaviour Research and Therapy, 99*, 19–36. https://doi.org/10.1016/j.brat.2017.08.013
Ham, L. S., Bonin, M. & Hope, D. a. (2007). The role of drinking motives in social anxiety and alcohol use. *Journal of Anxiety Disorders, 21*(8), 991–1003. https://doi.org/10.1016/j.janxdis.2006.10.014
Hawley, K. M. & Weisz, J. R. (2003). Child, parent and therapist (dis)agreement on target problems in outpatient therapy: The therapist's dilemma and its implications. *Journal of Consulting and Clinical Psychology, 71*(1), 62–70.
Heimberg, R. G., Brozovich, F. A. & Rapee, R. M. (2010). A cognitive behavioral model of social anxiety disorder: Update and extension. In S. G. Hofmann & P. M. DiBartolo (Eds.), *Social anxiety: Clinical, developmental, and social perspectives* (2nd ed., pp. 395–422). New York, NY: Academic Press. doi:10.1016/B978-0-12-375096-9.00015-8
Heimberg, R. G., Brozovich, F. A. & Rapee, R. M. (2014). A cognitive-behavioral model of social anxiety disorder. In *Social Anxiety* (pp. 705–728). Academic Press.
Herbert, J. D., Gaudiano, B. A., Rheingold, A. A., Moitra, E., Myers, V. H., Dalrymple, K. L. & Brandsma, L. L. (2009). Cognitive behavior therapy for generalized social anxiety disorder in adolescents: A randomized controlled trial. *Journal of Anxiety Disorders, 23*(2), 167–177. https://doi.org/10.1016/j.janxdis.2008.06.004
Higa-McMillan, C. K., Francis, S. E., Rith-Najarian, L. & Chorpita, B. F. (2016). Evidence base update: 50 years of research on treatment for child and adolescent anxiety. *Journal of Clinical Child and Adolescent Psychology, 45*(2), 91–113. https://doi.org/10.1080/15374416.2015.1046177
Hirshfeld-Becker, D. R., Biederman, J., Henin, A., Faraone, S. V., Davis, S., Harrington, K. & Rosenbaum, J. F. (2007). Behavioral inhibition in preschool children at risk is a specific predictor of middle childhood social anxiety: A five-year follow-up. *Journal of Developmental and Behavioral Pediatrics, 28*(3), 225–233. https://doi.org/10.1097/01.DBP.0000268559.34463.d0
Hirshfeld-Becker, D. R., Masek, B., Henin, A., Blakely, L. R., Pollock-Wurman, R. A., McQuade, J., . . . , Biederman, J. (2010). Cognitive behavioral therapy for 4- to 7-yearold children with anxiety disorders: A randomized clinical trial. *Journal of Consulting and Clinical Psychology, 78*(4), 498–510.
Hirshfeld-Becker, D. R., Micco, H.A., Wang, C. H. & Henin, A. (2014). Behavioral inhibition: A discrete precursor to social anxiety disorder? In J. W. Weeks (Eds.), *The Wiley Blackwell handbook of social anxiety disorder*. West sussex: Wiley.
Hodson, K. J., McManus, F. V., Clark, D. M. & Doll, H. (2008). Can Clark and Wells' (1995) Cognitive model of social phobia be applied to young people? *Behavioural and Cognitive Psychotherapy, 36*(4), 449–461. https://doi.org/10.1017/S1352465808004487
Hofmann, S. G. (2007). Cognitive factors that maintain social anxiety disorder: A comprehensive model and its treatment implications. *Cognitive Behaviour Therapy, 36*(4), 193–209.
Hook, J. & Valentiner, D. (2002). Are specific and generalized social phobias qualitatively distinct? *Clinical Psychology: Science and Practice, 9*, 379–395. doi:10.1093/clipsy.9.4.379
Huber, L., Plötner, M. & Schmitz, J. (2019). Social competence and psychopathology in early childhood: A systematic review. *European Child and Adolescent Psychiatry, 28*(4), 443–459.
Hudson, J. L. & Dodd, H. F. (2012). Informing early intervention: Preschool predictors of anxiety disorders in middle childhood. *PloS One, 7*(8), e42359. https://doi.org/10.1371/journal.pone.0042359

Hudson, J. L. & Rapee, R. M. (2001). Parent-child interactions and anxiety disorders: An observational study. *Behaviour Research and Therapy, 39*(12), 1411–1427.
Hudson, J. L., Dodd, H. F. & Bovopoulos, N. (2011). Temperament, family environment and anxiety in preschool children. *Journal of Abnormal Child Psychology, 39*(7), 939–951. https://doi.org/10.1007/s10802-011-9502-x
Hudson, J. L., Doyle, A. M. & Gar, N. (2009). Child and maternal influence on parenting behavior in clinically anxious children. *Journal of Clinical Child and Adolescent Psychology, 38*(2), 256–262. https://doi.org/10.1080/15374410802698438
Hudson, J. L., Rapee, R. M., Lyneham, H. J., McLellan, L. F., Wuthrich, V. M. & Schniering, C. A. (2015). Comparing outcomes for children with different anxiety disorders following cognitive behavioural therapy. *Behaviour Research and Therapy, 72*, 30–37. https://doi.org/10.1016/j.brat.2015.06.007
In-Albon, T. & Schneider, S. (2007). Psychotherapy of childhood anxiety disorders: A meta-analysis. *Psychotherapy and Psychosomatics, 76*(1), 15–24. https://doi.org/10.1159/000096361
Inglés, C. J., Gonzalvez-Macia, C., Garcia-Fernandez, J. M., Vicent, M. & Martínez-Monteagudo, M. C. (2015). Current status of research on school refusal. *European Journal of Education and Psychology, 8*(1), 37–52.
Ingul, J. M., Aune, T. & Nordahl, H. M. (2014). A randomized controlled trial of individual cognitive therapy, group cognitive behaviour therapy and attentional placebo for adolescent social phobia. *Psychotherapy and Psychosomatics, 83*(1), 54–61. https://doi.org/10.1159/000354672
Jacobi, C. & Esser, G. (2003). Zur Einteilung von Risikofaktoren bei psychischen Störungen. *Zeitschrift für Klinische Psychologie und Psychotherapie, 32*(4), 257–266.
Joormann, J. & Unnewehr, S. (2002). *Behandlung der Sozialen Phobie bei Kindern und Jugendlichen: Ein kognitiv-verhaltenstherapeutisches Grundprogramm*. Göttingen: Hogrefe.
Kagan, J., Reznick, J. S., Snidman, N. & April, I. (1988). Biological bases of childhood shyness. *Science, 240*, 167–171.
Kanfer, F. H. & Saslow, G. (1976). Verhaltenstheoretische Diagnostik. In D. Schulte (Hrsg.), *Diagnostik in der Verhaltenstherapie* (S. 24–59). München: Urban & Schwarzenberg.
Kaufman, A. S., Kaufman, N. L. & Kaufman, A. (2015). *KABC-II – Kaufman-Assessment Battery for Children – Second Edition – Deutsche Bearbeitung hrsg. von P. Melchers/M. Melchers* (1. Auflage). Göttingen: Hogrefe.
Keil, V., Asbrand, J., Tuschen-Caffier, B. & Schmitz, J. (2017). Children with social anxiety and other anxiety disorders show similar deficits in habitual emotional regulation: evidence for a transdiagnostic phenomenon. *European Child & Adolescent Psychiatry, 26*, 749–757. https://doi.org/10.1007/s00787-017-0942-x
Kendall, P. C., Cummings, C. M., Villabø, M. A., Narayanan, M. K., Treadwell, K., Birmaher, B., ... & Gosch, E. (2016). Mediators of change in the child/adolescent anxiety multimodal treatment study. *Journal of Consulting and Clinical Psychology, 84*(1), 1.
Kendler, K. S., Myers, J., Prescott, C. A. & Neale, M. C. (2001). The genetic epidemiology of irrational fears and phobias in men. *Archives of General Psychiatry, 58*, 257–265.
Klemanski, D. H., Curtiss, J., McLaughlin, K. A. & Nolen-Hoeksema, S. (2017). Emotion regulation and the transdiagnostic role of repetitive negative thinking in adolescents with social anxiety and depression. *Cognitive Therapy and Research, 41*(2), 206–219. https://doi.org/10.1111/obr.12065.Variation
Kley, H., Tuschen-Caffier, B. & Heinrichs, N. (2011). Manipulating self-focused attention in children with social anxiety disorder and in socially anxious and non-anxious children. *Journal of Experimental Psychopathology, 2*(4), 551–570. https://doi.org/10.5127/jep.014511
Kley, H., Tuschen-Caffier, B. & Heinrichs, N. (2012). Safety behaviors, self-focused attention and negative thinking in children with social anxiety disorder, socially anxious and non-anxious children. *Journal of Behavior Therapy and Experimental Psychiatry, 43*(1), 548–555. https://doi.org/10.1016/j.jbtep.2011.07.008
Klumbies, E., Braeuer, D., Hoyer, J. & Kirschbaum, C. (2014). The reaction to social stress in social phobia: Discordance between physiological and subjective parameters. *PLoS ONE, 9*(8). doi:10.1371/journal.pone.0105670

Knox, E. & Conti-Ramsden, G. (2003). Bullying risks of 11-year-old children with specific language impairment (SLI): does school placement matter? *International Journal of Language and Communication Disorders, 38*(1), 1–12.

Kotov, R., Gamez, W., Schmidt, F. & Watson, D. (2010). Linking »big« personality traits to anxiety, depressive, and substance use disorders: A meta-analysis. *Psychological Bulletin, 136*(5), 768–821. doi:10.1037/a0020327

Krämer, M., Seefeldt, W. L., Heinrichs, N., Tuschen-Caffier, B., Schmitz, J., Wolf, O. T. & Blechert, J. (2012). Subjective, autonomic, and endocrine reactivity during social stress in children with social phobia. *Journal of Abnormal Child Psychology, 40*(1), 95–104. https://doi.org/10.1007/s10802-011-9548-9

Last, C. G., Perrin, S., Hersen, M. & Kazdin, A. E. (1992). DSM-III-R Anxiety disorders in children: Sociodemographic and clinical characteristics. *Journal of the American Academy for Child and Adolescent Psychiatry, 31*(6), 1070–1076.

Lauth, G. W., Otte, T. A. & Heubeck. B. G. (2009). Effectiveness of a competence training programme for parents of socially disruptive children. *Emotional and Behavioural Difficulties, 14*(2), 117–126.

Lazarus, P. J. (1982). Incidence of shyness in elementary-school age children. *Psychological Reports, 51*(3), 904–906. doi:10.2466/pr0.1982.51.3.904

Leigh, E. & Clark, D. M. (2018). Understanding social anxiety disorder in adolescents and improving treatment outcomes: Applying the cognitive model of Clark and Wells (1995). *Clinical Child and Family Psychology Review, 21*(3), 388–414. https://doi.org/10.1007/s10567-018-0258-5

Lewis, M. A., Hove, M. C., Whiteside, U., Lee, C. M., Kirkeby, B. S., Oster-Aaland, L., … Larimer, M. E. (2008). Fitting in and feeling fine: Conformity and coping motives as mediators of the relationship between social anxiety and problematic drinking. *Psychology of Addictive Behaviors, 22*(1), 58–67. https://doi.org/10.1037/0893-164X.22.1.58

Lieb, R., Wittchen, H.-U., Höfler, M., Fuetsch, M., Stein, M. B. & Merikangas, K. A. (2000). Parental psychopathology, parenting styles, and the risk of social phobia in offspring: A prospective-longitudinal community study. *Archives of General Psychiatry, 57*(9), 859–866. https://doi.org/10.1001/archpsyc.57.9.859

Loose, C. & Pietrowsky, R. (2016). Schematherapie bei Kindern und Jugendlichen – eine konzeptuelle und evidenzbasierte Übersicht. *Zeitschrift für Kinder-und Jugendpsychiatrie und Psychotherapie, 44*, 432–442.

Mackowiak, K. & Lengning, A. (2010). *BAV 3–11 – Das Bochumer Angstverfahren für Kinder im Vorschul- und Grundschulalter*. Göttingen: Hogrefe.

Majdandžić, M., Lazarus, R. S., Oort, F. J., van der Sluis, C., Dodd, H. F., Morris, T. M., … Bögels, S. M. (2018). The structure of challenging parenting behavior and associations with anxiety in Dutch and Australian children. *Journal of Clinical Child and Adolescent Psychology, 47*(2), 282–295. https://doi.org/10.1080/15374416.2017.1381915

Margraf, J., Cwik, J. C., Pflug, V. & Schneider, S. (2017). Strukturierte klinische Interviews zur Erfassung psychischer Störungen über die Lebensspanne – Gütekriterien und Weiterentwicklungen der DIPS-Verfahren. *Zeitschrift für Klinische Psychologie und Psychotherapie, 46*(3), 176–186.

Masia-Warner, C., Klein, R. G., Dent, H. C., Fisher, P. H., Alvir, J., Albano, A. M. & Guardino, M. (2005). School-based intervention for adolescents with social anxiety disorder: Results of a controlled study. *Journal of Abnormal Child Psychology, 33*(6), 707–722. https://doi.org/10.1007/s10802-005-7649-z

McLeod, B. D., Wood, J. J. & Weisz, J. R. (2007). Examining the association between parenting and childhood anxiety: A meta-analysis. *Clinical Psychology Review, 27*(2), 155–172. https://doi.org/10.1016/j.cpr.2006.09.002

Melfsen, S. & Florin, I. (1997) Die Social Anxiety Scale for Children –Revised – Deutschsprachige Version (SASC-R-D). Ein Fragebogen zur Erfassung sozialer Angst bei Kindern. *Kindheit und Entwicklung, 6*, 224–229.

Melfsen, S. & Warnke, A. (2009). Soziale Phobie. In *Lehrbuch der Verhaltenstherapie* (pp. 531–553). Springer, Berlin, Heidelberg.

Melfsen, S. & Warnke, F. A. (2001). *SPAIK – Sozialphobie und -angstinventar für Kinder*. Göttingen: Hogrefe.

Melfsen, S., Kühnemund, M., Schwieger, J., Warnke, A., Stadler, C., Poustka, F. & Stangier, U. (2011). Cognitive behavioral therapy of socially phobic children focusing on cognition: a randomised wait-list control study. *Child and Adolescent Psychiatry and Mental Health, 5*(5), 1–12.

Midgley, N., O'Keeffe, S., French, L. & Kennedy, E. (2017). Psychodynamic psychotherapy for children and adolescents: an updated narrative review of the evidence base. *Journal of Child Psychotherapy, 43*(3), 307–329. https://doi.org/10.1080/0075417X.2017.1323945

Miers, A. C., Blöte, A. W. & Westenberg, P. M. (2010). Peer perceptions of social skills in socially anxious and nonanxious adolescents. *Journal of Abnormal Child Psychology, 38*(1), 33–41. https://doi.org/10.1007/s10802-009-9345-x

Miers, A. C., Blöte, A. W., Bokorst, C. L. & Westenberg, P. M. (2009). Negative self-evaluations and the relation to performance level in socially anxious children and adolescents. *Behaviour Research and Therapy, 47*(12), 1043–1049.

Morris, A. S., Silk, J. S., Steinberg, L., Myers, S. S. & Robinson, L. R. (2007). The role of the family context in the development of emotion regulation. *Social Development, 16*(2), 361–388. https://doi.org/10.1111/j.1467-9507.2007.00389.x

Mosing, M. A., Gordon, S. D., Medland, S. E., Statham, D. J., Nelson, E. C., Heath, A. C., . . . Wray, N. R. (2009). Genetic and environmental influences on the co-morbidity between depression, panic disorder, agoraphobia, and social phobia: A twin study. *Depression and Anxiety, 26*(11), 1004–1011. doi:10.1002/da.20611

Muris, P., Merckelbach, H. & Damsma, E. (2000). Threat perception bias in nonreferred, socially anxious children. *Journal of Clinical Child Psychology, 29*(3), 348–59. doi:10.1207/S15374424JCCP2903_6

Muris, P., Merckelbach, H. & van Spauwen, I. (2003). The emotional reasoning heuristic in children. *Behaviour Research and Therapy, 41*(3), 261–272.

National Collaborating Centre for Mental Health (UK). (2013). Social anxiety disorder: recognition, assessment and treatment. British Psychological Society. Link: https://www.nice.org.uk/guidance/cg159/resources/social-anxiety-disorder-recognition-assessment-and-treatment-pdf-35109639699397, abgerufen am 29.04.2019

Neuschwander, M., In-Albon, T., Adornetto, C., Roth, B. & Schneider, S. (2013). Interrater-Reliabilität des Diagnostischen Interviews bei psychischen Störungen im Kindes- und Jugendalter (Kinder-DIPS). *Zeitschrift für Kinder- und Jugendpsychiatrie und Psychotherapie, 41*(5), 319–334.

Nikolic, M., Brummelman, E., Colonnesi, C., de Vente, W. & Bögels, S. M. (2018). When gushing leads to blushing: Inflated praise leads socially anxious children to blush. *Behavior Research and Therapy, 106*(4), 1–7.

Nolen-Hoeksema, S. (2000). The role of rumination in depressive disorders and mixed anxiety/depressive symptoms. *Journal of Abnormal Psychology, 109*(3), 504–511. https://doi.org/10.1037/0021-843X.109.3.504

Oerter, R. (2002). *Entwicklungspsychologie*. L. Montada (Hrsg.). Weinheim: Beltz PVU

Ollendick, T. H. & Hirshfeld-Becker, D. R. (2002). The developmental psychopathology of social anxiety disorder. *Biological Psychiatry, 51*(1), 44–58.

Pabian, S. & Vandebosch, H. (2016). An investigation of short-term longitudinal associations between social anxiety and victimization and perpetration of traditional bullying and cyberbullying. *Journal of Youth and Adolescence, 45*(2), 328–339.

Pergamin-Hight, L., Pine, D. S., Fox, N. A. & Bar-Haim, Y. (2016). Attention bias modification for youth with social anxiety disorder. *Journal of Child Psychology and Psychiatry and Allied Disciplines, 57*(11), 1317–1325. https://doi.org/10.1111/jcpp.12599

Petermann, U. & Petermann, F. (2015). *Training mit sozial unsicheren Kindern: Behandlung von sozialer Angst, Trennungsangst und generalisierter Angst (11. überarbeitete und erweiterte Auflage)*. Weinheim: Beltz.

Popp, L., Neuschwander, M., Mannstadt, S., In-Albon, T. & Schneider, S. (2017). Parent-child diagnostic agreement on anxiety symptoms with a structured diagnostic interview for mental disorders in children. *Frontiers in Psychology, 8*(404), 1–12.

Porges, S. W. (2007). The polyvagal perspective. *Biological Psychology, 74*(2), 116–143. https://doi.org/10.1016/j.biopsycho.2006.06.009
Ranta, K., Kaltiala-Heino, R., Fröjd, S. & Marttunen, M. (2013). Peer victimization and social phobia: A follow-up study among adolescents. *Social Psychiatry and Psychiatric Epidemiology, 48*(4), 533–544.
Rapee, R. M. & Heimberg, R. G. (1997). A cognitive-behavioral model of anxiety in social phobia. *Behaviour Research and Therapy, 35*(8), 741–756.
Rapee, R. M. & Spence, S. H. (2004). The etiology of social phobia: Empirical evidence and an initial model. *Clinical Psychology Review, 24*(7), 737–767. https://doi.org/10.1016/j.cpr.2004.06.004
Rapee, R. M., Kennedy, S., Ingram, M., Edwards, S. & Sweeney, L. (2005). Prevention and early intervention of anxiety disorders in inhibited preschool children. *Journal of Consulting and Clinical Psychology, 73*(3), 488–497
Raven, J. C. (2001). *CPM – Coloured Progressive Matrices* (1. Auflage). Göttingen: Hogrefe.
Reichenberger, J. & Blechert, J. (2018). Malaise with praise: A narrative review of 10 years of research on the concept of Fear of Positive Evaluation in social anxiety. *Depression and Anxiety, 35*(5), 1228–1238.
Retzlaff, R., Haun, M., Beher, S. & von Sydow, K. (2017). Systemische Therapie – auf dem Weg zur sozialrechtlichen Anerkennung? *Psychotherapeutenjournal, 4*, 355–362.
Rodebaugh, T. L. (2009). Social phobia and perceived friendship quality. *Journal of Anxiety Disorders, 23*, 872–878. doi:10.1016/j.janxdis.2009.05.001
Rudolf & Schulte (2008). *Gutachten des Wissenschaftlichen Beirats Psychotherapie zur Systemischen Therapie*, 14. Dezember 2008.
Scaini, S., Belotti, R., Ogliari, A. & Battaglia, M. (2016). A comprehensive meta-analysis of cognitive-behavioral interventions for social anxiety disorder in children and adolescents. *Journal of Anxiety Disorders, 42*, 105–112. https://doi.org/10.1016/j.janxdis.2016.05.008
Schäfer, J., Schmitz, J. & Tuschen-Caffier, B. (2012). Hat das kognitive Modell von Clark und Wells zur sozialen Phobie Erklärungskraft für das Kindesalter? Ein Literaturüberblick. *Zeitschrift für Klinische Psychologie und Psychotherapie, 41*, 9–18.
Schmidtendorf, S., Wiedau, S., Asbrand, J., Tuschen-Caffier, B. & Heinrichs, N. (2017). Attentional bias in children with social anxiety disorder. *Cognitive Therapy and Research, 42*, 273–288. https://doi.org/10.1007/s10608-017-9880-7
Schmitz, J., Blechert, J., Krämer, M., Asbrand, J. & Tuschen-Caffier, B. (2012). Biased perception and interpretation of bodily anxiety symptoms in childhood social anxiety. *Journal of Clinical Child and Adolescent Psychology, 41*(1), 92–102. doi:10.1080/15374416.2012.632349
Schmitz, J., Krämer, M. & Tuschen-Caffier, B. (2011). Negative post-event processing and decreased self-appraisals of performance following social stress in childhood social anxiety: An experimental study. *Behaviour Research and Therapy, 49*(11), 789–795. https://doi.org/10.1016/j.brat.2011.09.001
Schmitz, J., Krämer, M., Blechert, J. & Tuschen-Caffier, B. (2010). Post-event processing in children with social phobia. *Journal of Abnormal Child Psychology, 38*(7), 911–919. https://doi.org/10.1007/s10802-010-9421-2
Schmitz, J., Krämer, M., Tuschen-Caffier, B., Heinrichs, N. & Blechert, J. (2011). Restricted autonomic flexibility in children with social phobia. *Journal of Child Psychology and Psychiatry, 52*(11), 1203–1211. https://doi.org/10.1111/j.1469-7610.2011.02417.x
Schneider, S. & Borer, S. (2006). *Nur keine Panik! Was Kids über Angst wissen sollten*. Basel: Karger.
Schneider, S. & Margraf, J. (2015). *Self efficacy approach in the treatment of anxiety disorder in children*. (manuscript in preparation).
Schneider, S., Pflug, V., In-Albon, T. & Margraf, J. (2017). *Kinder-DIPS Open Access: Diagnostisches Interview bei psychischen Störungen im Kindes- und Jugendalter*. Bochum: Forschungs- und Behandlungszentrum für psychische Gesundheit, Ruhr-Universität Bochum.
Schreier, S.-S. & Heinrichs, N. (2010). Parental fear of negative child evaluation in child social anxiety. *Behaviour Research and Therapy, 48*(12), 1186–1193. https://doi.org/10.1016/j.brat.2010.09.001

Seefeldt, W. L., Krämer, M., Tuschen-Caffier, B. & Heinrichs, N. (2014). Hypervigilance and avoidance in visual attention in children with social phobia. *Journal of Behavior Therapy and Experimental Psychiatry, 45*(1), 105–112. https://doi.org/10.1016/j.jbtep.2013.09.004

Segool, N. K. & Carlson, J. S. (2008). Efficacy of cognitive-behavioral and pharmacological treatments for children with social anxiety. *Depression and Anxiety, 25*(7), 620–631.

Siess, J., Blechert, J. & Schmitz, J. (2014). Psychophysiological arousal and biased perception of bodily anxiety symptoms in socially anxious children and adolescents: A systematic review. *European Child & Adolescent Psychiatry, 23*(3), 127–142. https://doi.org/10.1007/s00787-013-0443-5

Silverman, W. K. & Kurtines, W. M. (1996). *Anxiety and phobic disorders: A pragmatic approach*. New York: Plenum Press.

Simons, M. (2018). *Metakognitive Therapie mit Kindern und Jugendlichen*. Weinheim: Beltz.

Spence, S. H., Donovan, C. & Brechman-Toussaint, M. (2000). The treatment of childhood social phobia: The effectiveness of a social skills training-based, cognitive-behavioural intervention, with and without parental involvement. *Journal of Child Psychology and Psychiatry and Allied Disciplines, 41*(6), 713–726.

Smoller, J. W., Paulus, M. P., Fagerness, J. A., Purcell, S., Yamaki, L. H., Hirshfeld-Becker, D., ... Stein, M. B. (2008). Influence of RGS2 on anxiety-related temperament, personality, and brain function. *Archives of General Psychiatry, 65*(3), 298–308.

Spence, S. H. & Rapee, R. M. (2016). The etiology of social anxiety disorder: An evidence-based model. *Behaviour Research and Therapy, 86*, 50–67. https://doi.org/10.1016/j.brat.2016.06.007

Spence, S. H., Donovan, C. & Brechman-Toussaint, M. (2000). The treatment of childhood social phobia: the effectiveness of a social skills training-based, cognitive-behavioural intervention, with and without parental involvement. *Journal of Child Psychology and Psychiatry, and Allied Disciplines, 41*(6), 713–726.

Spence, S. H., Donovan, C. & Brechman-Toussaint, M. L. (2000). The treatment of childhood social phobia: the effectiveness of a social skills training-based, cognitive-behavioural intervention, with and without parental involvement. *Journal of Child Psychology and Psychiatry, 41*(6), 713–726.

Steil, R., Matulis, S., Schreiber, F. & Stangier, U. (2011). *Soziale Phobie bei Jugendlichen: Behandlungsmanual für die Kognitive Therapie*. Weinheim: Beltz.

Stein, D. J., Lim, C. C. W., Roest, A. M., de Jonge, P., Aguilar-Gaxiola, S., Al-Hamzawi, A. et al. (2017). The cross-national epidemiology of social anxiety disorder: Data from the World Mental Health Survey Initiative. *BMC Medicine, 15*(1), 1–21.

Stein, M. B. & Stein, D. J. (2008). Social anxiety disorder. *Lancet, 371*(9618), 1115–1125. https://doi.org/10.1016/S0140-6736(08)60488-2

Stein, M. B., Fuetsch, M., Müller, N., Höfler, M., Lieb, R. & Wittchen, H.-U. (2001). Social anxiety disorder and the risk of depression: A prospective community study of adolescents and young adults. *Archives of General Psychiatry, 58*(3), 251–256. https://doi.org/10.1001/archpsyc.58.3.251

Stein, M.B. & Gelernter, J. (2014). Genetic factors in social anxiety disorder. . In J.W. Weeks (Eds.), *The Wiley Blackwell handbook of social anxiety disorder*. West sussex: Wiley.

Steinmayr, R., Crede, J., McElvany, N. & Wirthwein, L. (2016). Subjective well-being, test anxiety, academic achievement: Testing for reciprocal effects. *Frontiers in Psychology, 6* (JAN), 1–13. doi:10.3389/fpsyg.2015.01994

Stenzel, N., Krumm, S. & Tuschen-Caffier, B. (2009). Entwicklung und Validierung eines Lehrerfragebogens zu sozialen Ängsten im Kindes-und Jugendalter (L-ESAK). *Klinische Diagnostik und Evaluation, 2*(1), 33–53.

Strawn, J. R., Prakash, A., Zhang, Q., Pangallo, B. A., Stroud, C. E. et al. (2015). A randomized, placebo-controlled study of duloxetine for the treatment of children and adolescents with generalized anxiety disorder. *Journal of the American Academy of Child and Adolescent Psychiatry, 54*(4), 283–293.

Stuijfzand, S. & Dodd, H. F. (2017). Young children have social worries too: Validation of a brief parent report measure of social worries in children aged 4–8 years. *Journal of Anxiety Disorders, 50*(July 2016), 87–93. doi:10.1016/j.janxdis.2017.05.008

Suveg, C., Kendall, P. C., Comer, J. S. & Robin, J. (2006). Emotion-focused cognitive-behavioral therapy for anxious youth: A multiple-baseline evaluation. *Journal of Contemporary Psychotherapy, 36*(2), 77–85.

Szafranski, D. D., Talkovsky, A. M., Farris, S. G. & Norton, P. J. (2014). Comorbidity: Social Anxiety Disorder and Psychiatric Comorbidity are not Shy to Co-Occur. In J.W. Weeks (Eds.), *The Wiley Blackwell handbook of social anxiety disorder*. West sussex: Wiley.

Taboas, W. R., McKay, D., Whiteside, S. P. H. & Storch, E. A. (2015). Parental involvement in youth anxiety treatment: Conceptual bases, controversies, and recommendations for intervention. *Journal of Anxiety Disorders, 30*, 16–18. https://doi.org/10.1016/j.janxdis.2014.12.005

Teuschel, P. & Heuschen, K. W. (2012). *Bullying: Mobbing bei Kindern und Jugendlichen*. Stuttgart: Schattauer.

Thulin, U., Svirsky, L., Serlachius, E., Andersson, G. & Öst, L. G. (2014). The effect of parent involvement in the treatment of anxiety disorders in children: A meta-analysis. *Cognitive Behaviour Therapy, 43*(3), 185–200. https://doi.org/10.1080/16506073.2014.923928

Towbin, K. E., Pradella, A., Gorrindo, T., Pine, D. S. & Leibenluft, E. (2005). Autism spectrum traits in children with mood and anxiety disorders. *Journal of Child & Adolescent Psychopharmacology, 15*(3), 452–464.

Traub, J. & In-Albon, T. (2017). *Angststörungen im Kindes- und Jugendalter*. Weinheim: Beltz.

Tuschen-Caffier, B., Kühl, S. & Bender, C. (2009). *Soziale Ängste und soziale Angststörung im Kindes- und Jugendalter: Ein Therapiemanual*. Göttingen: Hogrefe.

Tuschen-Caffier, B., Kühl, S. & Bender, C. (2011). Cognitive-evaluative features of childhood social anxiety in a performance task. *Journal of Behavior Therapy and Experimental Psychiatry, 42*(2), 233–239.

van Niekerk, R. E., Klein, A. M., Allart-van Dam, E., Hudson, J. L., Rinck, M., Hutschemaekers, G. J. M. & Becker, E. S. (2017). The role of cognitive factors in childhood social anxiety: Social threat thoughts and social skills perception. *Cognitive Therapy and Research, 41*(3), 489–497. https://doi.org/10.1007/s10608-016-9821-x

Van Roy, B., Kristensen, H., Groholt, B. & Clench-Aas, J. (2009). Prevalence and characteristics of significant social anxiety in children aged 8–13 years. *Social Psychiatry and Psychiatric Epidemiology, 44*(5), 407–415.

Wacker, H. R., Müllejans, R., Klein, K. H. & Battegay, R. (1992). Identification of cases of anxiety disorders and affective disorders in the community according to the ICD-10 and DSM-III-r using the composite international diagnostic interview. *International Journal of Methods Psychiatry Research, 2*, 91–100.

Walter, D., Rademacher, C., Schürmann, S. & Döpfner, M. (2007). *Grundlagen der Selbstmanagementtherapie bei Jugendlichen: SELBST – Therapieprogramm für Jugendliche mit Selbstwert-, Leistungs- und Beziehungsstörungen*. Göttingen: Hogrefe.

Wechsler, D. (2017). *WISC-V – Wechsler Intelligence Scale for Children – Fifth Edition – Deutsche Bearbeitung: Franz Petermann* (1. Auflage). Göttingen: Hogrefe.

Weeks, J. W., Heimberg, R. G., Rodebaugh, T. L. & Norton, P. J. (2008). Exploring the relationship between fear of positive evaluation and social anxiety. *Journal of Anxiety Disorders, 22*, 386–400. doi:10.1016/j.janxdis.2007.04.009

Weiß, R. H. (2006). *CFT 20-R – Grundintelligenztest Skala 2 – Revision* (1. Auflage 2006). Göttingen: Hogrefe.

Weisz, J. R., Chorpita, B. F., Palinkas, L. A., Schoenwald, S. K., Miranda, J., Bearman, S. K., . . . Research Network on Youth Mental Health. (2012). Testing standard and modular designs for psychotherapy treating depression, anxiety, and conduct problems in youth: A randomized effectiveness trial. *Archives of General Psychiatry, 69*, 274–282. doi:10.1001=archgenpsychiatry.2011.147

White, S. W., Oswald, D., Ollendick, T. & Scahill, L. (2009). Anxiety in children and adolescents with autism spectrum disorders. *Clinical Psychology Review, 29*(3), 216–229.

Wieczerkowski, W., Nickel, H., Janowski, A., Fittkau, B., Rauer, W. & Petermann, F. (2016). *AFS –Angstfragebogen für Schüler (7. überarbeitete und neu normierte Auflage)*. Göttingen: Hogrefe.

Wittchen, H. U., Stein, M. B. & Kessler, R. C. (1999). Social fears and social phobia in a community sample of adolescents and young adults: prevalence, risk factors and co-morbidity. *Psychological Medicine*, 29(2), 309–23.

Wong, Q. J. J. & Rapee, R. M. (2016). The aetiology and maintenance of social anxiety disorder: A synthesis of complementary theoretical models and formulation of a new integrated model. *Journal of Affective Disorders*, 203, 84–200.

Wong, Q. J. J. & Rapee, R. M. (2016). The aetiology and maintenance of social anxiety disorder: A synthesis of complimentary theoretical models and formulation of a new integrated model. *Journal of Affective Disorders*, 203, 84–100. https://doi.org/10.1016/j.jad.2016.05.069

World Health Organization. (1994). *The ICD-10 classification of mental and behavioural disorders: ICD-10; diagnostic criteria for research*. Geneva.

Wright, M., Banerjee, R., Hoek, W., Rieffe, C. & Novin, S. (2010). Depression and social anxiety in children: Differential links with coping strategies. *Journal of Abnormal Child Psychology*, 38(3), 405–419. https://doi.org/10.1007/s10802-009-9375-4

Zalk, N. Van & Zalk, M. Van. (2014). The importance of perceived care and connectedness with friends and parents. *Journal of Personality*, 83(3), 346–360. https://doi.org/10.1111/jopy.12108

Zonnevylle-Bender, M. J. S., van Goozen, S. H. M., Cohen-Kettenis, P. T., van Elburg, A., de Wildt, M., Stevelmans, E. & van Engeland, H. (2004). Emotional Functioning in Anorexia Nervosa Patients: Adolescents Compared to Adults. *Depression and Anxiety*, 19(12), 35–42.

Stichwortverzeichnis

A

akademische Folgen 25
ambulante Behandlung 54
Angst vor negativer Bewertung 12, 40
Angsthierarchie 90
Äquifinalität 58
Ätiologie 58
Aufmerksamkeitsbias 86
Aufrechterhaltung 58
Autismus-Spektrum-Störung 35
– Differenzialdiagnostik 36

B

Behandlungseinsicht 54
Behandlungsmotivation 54
Behavioral Inhibition 14, 44, 58, 60
Bezugspersonenstunden 81, 105
Biopsychosoziales Modell 69 f.
Bullying 67, 77, 92

C

Chronifizierung 24
Coping 32

D

Depressive Störung 31
Diagnosestellung 52
diagnostische Interviews 50
Differenzialdiagnostik 33, 40, 51
Dissimulation 53
DSM-5 17
– Diagnosekriterien Soziale Angststörung 18

E

Emotionale Störung mit Trennungsangst des Kindesalters 29
Emotionsregulation 68, 71
Entwicklungsverzögerungen 43

Epidemiologie 22
– Definition 22
Erwartungen Psychotherapie 25
Erziehung 66, 79, 91
Exposition 89, 103

F

Familienanamnese 44, 77
Flooding 90
Fragebogen 48–50
– Basisverfahren 47
– Fremdbericht 47
– Selbstbericht 47 f.
– störungsspezifische Verfahren 47

G

Generalisierte Angststörung 29, 34
– Differenzialdiagnostik 35
Genetik 59, 71 f., 77
Gesprächsführung 42
– Erstgespräch 42
Gruppentherapie 81, 106

H

Habituation 41, 90

I

ICD-10 17
– Diagnosekriterien Emotionale Störung mit Sozialer Ängstlichkeit 19
– Diagnosekriterien Soziale Phobie 18
informierte Einwilligung 82
Integration verschiedener Informant*innen 53
Intelligenzdiagnostik 51, 76

J

Jugendhilfe 93

K

Katastrophisieren 34, 62
kognitive Faktoren 61, 71 f.
kognitive Interventionen 84, 103
- Techniken 85
Komorbidität 40, 51, 55
Konfrontation 96
körperliche Symptome 16

L

Leitlinien 100
Lob 42

M

Makroanalyse 43, 77
metakognitive Überzeugungen 87
Mikroanalyse 45, 58, 77
- SORKC-Modell 45 f.
Modelllernen 66, 71 f.
Multifinalität 58 f.
multimodale Diagnostik 40

N

negative Vorstellungsbilder 86

P

physiologische Aktivierung 60
Prävalenz 22
Prüfungsangst 12
psychische Folgen 24
psychischer Befund 75
Psychodynamische Psychotherapien 101
Psychoedukation 54, 71 f., 78 f., 82, 103
- Definition 83
Psychopharmaka 93, 105

R

Risikofaktor 58
Rollenspiel 88
Rumination 32, 84, 86
- post-event processing 62, 64 f.

S

Schüchternheit 12

- Definition 13
Schulabsentismus 36
- Differenzialdiagnostik 37
schulzentrierte Interventionen 92
selbstfokussierte Aufmerksamkeit 62
Selektiver Mutismus 30, 42
Sicherheitsverhalten 16, 62, 79, 91
soziale Ängste
- Definition 13
Soziale Angststörung
- Definition 13
- Differenzialdiagnostik 37
soziale Belastungen 37, 66, 71 f.
soziale Folgen 24
soziale Kompetenz 68, 79, 87, 104
- Definition 87
- Training 89
- Wirkmechanismen 89
Soziale Kompetenz 64
soziale Performanz 36, 63
Soziale Phobie 17
Spaltentechnik 84
Spezifische Phobie 29
stationäre Behandlung 54
strukturierte Beobachtung 52
strukturiertes Interview 75
Suchterkrankungen 33
Suizidalität 55
Symptome der Sozialen Angststörung 16 f.
Systemische Therapie 102

T

Temperament 31, 58, 71 f., 77
Testängstlichkeit 12
Theory of mind 15
Therapieplanung 80
Therapieziele 40, 78, 80

V

Verhaltensexperiment 91

W

Wirksamkeit 99